工学部ヒラノ教授と4人の秘書たち

今野浩

技術評論社

まえがき

筆者は、『工学部ヒラノ教授』（新潮社、2011）とその続編である『工学部ヒラノ教授の事件ファイル』（新潮社、2012）の中で、〝日本の秘境・工学部〟に生息する〝働き蜂〟集団の生態を紹介した。

インターネットでこれらの本を検索したヒラノ教授は、数々の好意的批評を目にして気を良くした。

文系の大学教授や評論家諸氏の賛辞は、まことに有り難かった。しかし、それ以上にうれしかったのは、大学に勤める事務職員諸氏の言葉である。

たとえば、あちこちの大学を回ったある事務職員は、ブログの中で、

「就職して初めて配属された先が工学部だった。私自身は文系だったので、ギャップに戸惑うことも多かったが、少し慣れると、〝工学部カルチャー〟はとても居心地がよかった。そうそう、と大きく膝を打ったのが、（〝時間に遅れるな〟に始まり、〝拙速を重んじよ〟で終わる）工学部の教え7ヶ条である。これだけ守れたら、大概の機能集団の一員として立派に

やっていけると思う」と書いてくださった。またどのようなキャリアをお持ちの方かは不明だが、

「事務職員にとって、エンジニア教員は愛しきイキモノですたい」という愛情あふれる言葉を贈ってくださった方もいる。

おそらくこれらの人は、難しい物言いで相手を言いくるめようとする文系教授に比べて、単純で人がいい工学部教授のほうが、付き合いやすかったのだろう。

その一方で、第三の事務職員氏は、

「面白く読ませていただいたが、工学部教授を支援する事務職員について、何も触れられていないのは残念だ」とボヤいていた。

実際には、モモイロ助教授のおかげで玉川署に呼び出された事件、カラ出張ほう助事件などで、何人かの事務職員にもご登場頂いた。しかし、教員集団とともに〝戦っている〟事務職員諸氏を、あの程度しか登場させないのはバランスを欠いている。

大いに反省したヒラノ教授は、〝教員と事務職員の共闘物語〟を書くことを思い立ったという次第である。

さて、ひとくちに事務職員といっても、国立大学の場合、その中は3つのグループに分かれる。

第一のグループは、文科省本省から出向している、大学本部勤務の〝進駐軍〟スタッフで

ある。そのトップである事務局長は、本省では課長（補佐？）クラスの位置づけながら、大学では学長と対等なポジションである。

また本部詰めの総務部長や経理部長も、本省派遣の事務職員で、数年間を大学で過ごしたあとは、本省または他の大学に移っていく。

第二のグループは、中級・初級公務員試験をパスした人たちの中から、大学が採用する職員である。ヒラ教授がお付き合いするのは、これらの〝現地〟事務職員である。数の上では進駐軍よりひとケタ多いこれらの人は、学部や研究所などの〝部局〟で仕事をする職員と、各学科で仕事をする〝教室系〟職員に分かれる。

第三のグループは、派遣職員や種々雑多なパートタイム職員である。80年代までは、常勤職員の半分もいなかったこれらの職員は、公務員の定員削減が進むにしたがって急増した。そして、21世紀に入って間もなく、国立大学が独立法人化されてからは、事務職員数は大幅に削減され、重要な仕事もアルバイト職員任せ、もしくは外注されるようになった。

一方、ヒラノ教授が東工大を退職した後、10年にわたって勤務した中央大学の事務組織は、国立大学と違って、進駐軍と現地職員の区別はなかった。

しかし大学経営が厳しさを増す中、この大学でも、大事な仕事が派遣やアルバイト職員に任されるようになってきた。どうやら事務職員も、教員並みに〝働き蜂〟生活を強いられるようになってきたようである。

工学部ヒラノ教授と4人の秘書たち　目次

装画　水口理恵子
装幀　藤田知子

工学部ヒラノ教授と4人の秘書たち

1　工学部大教授と秘書

東京大学工学部　30年ぶりの秀才

ヒラノ青年が所属した、東京大学工学部応用物理学科の「数理工学コース」は、2つの講座からなる小さな世帯で、教授2人、助教授2人、助手2人の教官6人が、2人の秘書と3人の学科事務官（うち1人はパートタイム）の協力の下で、約30人の学生（3、4年生各8人、大学院生10人、研究生2人）の教育に当たっていた。

数理工学第2講座の主である森口繁一教授は、44歳の働き盛りである。1916年生まれの教授は、幼少の頃から神童の誉れ高く、1年飛び級して高等小学校に入ったあと、京都の第三高等学校を経て、日本中の秀才が集まることで知られる、東京大学工学部の「航空学科」に入学した。

三高時代には、レベルの高さで定評がある『岩波・応用数学講座』全巻を読破し、教授たちの舌を巻かせたという。

数学者よりも数学に強く、物理、電気、機械にも明るい森口青年は、東大工学部30年ぶりの秀才と謳われた。大学卒業と同時に、21歳の若さで（助手ではなく）講師に任じられたのは、30年ぶりの秀才ならではのことである。

太平洋戦争が始まってからは、陸軍中尉として航空大学校で教鞭をとった。任官に先立って行われた教練では、「軍人勅諭」を一度読んだだけで諳んじ、上官や仲間たちを驚かせたという。

インターネットで軍人勅諭を検索したところ、３０００字を超える格調高い文章である。ヒラノ青年も暗記には自信があったが、これだけ覚えるには1週間くらいかかるだろう。後に森口教授と数理工学コースでペアを組むことになる高田勝助教授は、余りの長さに覚える気になれなかったということだ。

敗戦後東大に戻った森口青年は、マッカーサーによって廃止された航空学科が、「応用数学科」と名前を変えて活動を続ける中、航空工学から応用数学（数理工学）に転進した。

航空工学は、あらゆる工学の中で、最も高級な数学を必要とする分野である。実・複素関数論、（偏）微分方程式、フーリエ解析、微分幾何学、射影幾何学、確率論エトセトラ。

工学の全領域に数学を応用することを目指す「応用数学科」は、『応用数学講座』全巻をマスターした森口青年に、その能力を発揮する最高の土俵を提供した。折からアメリカでは、

「統計学」、「オペレーションズ・リサーチ（ＯＲ）」、「計算機科学」、「サイバネティクス」など、数学の応用範囲が急拡大しつつあった。

このような状況の中、１９５０年にアメリカに渡った森口助教授は、統計学に参入してほどなく、〝日本にモリグーティ（Moriguti）あり〟と称されるほどの名声を手に入れた。日本に戻ってからは、統計学、ＯＲ、計算機科学へと専門領域を拡大し、いずれの分野でも第一人者と呼ばれるようになるのである。どのような難しい論文でも、一度読んだだけで頭に入る森口教授ならではの離れ業である。

ヒラノ青年が指導を受けるようになった60年代はじめは、統計学とＯＲから計算機科学（数値解析や計算機プログラミング）に軸足を移しつつあった。３つの分野の第一人者を兼務するスーパーエンジニアは、標準的な工学部教授の３倍近い仕事を抱えていた。

文部省・通産省・総理府などの審議会委員に加えて、民間企業の技術指導、各種学会の役員や研究会主査などなど。大学での講義・ゼミは週２コマ程度で済ませていたが、管理職である教授には、学科運営に関わる様々な雑務が付いて回る。

後年、大学でヒラノ青年と同期だった電気工学科の佐々木助教授は、手帳を指し示しながら、

「１日を午前・午後・夕方に分けると、月曜から土曜までの６日間で、３×６イコール18コマあるよね。その中で、空いているのは２コマだけなんだぜ。これ以外にも、出席を断った

会合が3つ4つあるんだ（どうだ、凄いだろう）」と自慢した。

確かに佐々木助教授の手帳には、びっしりスケジュールが書き込まれていた。そこで、「そんなに忙しくては、研究する時間がないね」と言うと、「なあに、僕がアイディアを出して、そのあとの細かい作業は学生にやらせるのさ」と言い放った。

渡部昇一・上智大学名誉教授は、同僚教授に対する観察をもとに、「工学部教授とは、若い弟子に前に出ろと号令をかけるだけで、自分は相撲を取らない親方のようなものだ」と喝破した。

これに対して電気工学科助教授は、「アイディアを出し、研究費をもぎ取ってくる部分が最も大事であって、そこから先のことは、少々ボンクラでもやれる」と反論するだろう。

電気工学科の売れっ子助教授がこれだけ忙しいのなら、応用物理学科の超売れっ子教授は、午前・午後・夕方の3コマはもとより、4コマ目も仕事をしていたのではなかろうか。

学生たちはモリグーティ教授を、ある時は親愛の情をこめて「モリグッチャン」、またある時は畏敬の念を込めて、「モリアーティ教授」と呼んでいた。なおモリアーティ教授というのは、名探偵シャーロック・ホームズを悩ませた犯罪の天才である。

朝10時から「数値計算法」の講義をやって、1時から総理府の「統計審議会」、3時から通産省の「計算機産業育成懇談会」に出たあと、夕方6時から日本科学技術連盟の「OR研究会」の主査を務める森口教授は、パリ警視庁のルノルマン刑事部長と、謎の人物ポール・セルニン侯爵を兼務して、殺人鬼ドロレス・ケッセルバッハ夫人を追い詰める、アルセーヌ・ルパンと呼んだ方がいいとヒラノ青年は考えていた（第一モリグッチャンは、モリアーティ教授のように、性格が悪い人ではありません）。

大教授をサポートする人たち

森口教授の助手を務める吉沢正氏は、バスケットボール部のキャプテンを務める傍ら、同期生の中で最高の成績を上げた人である（運動部のキャプテンは、留年して当たり前である）。

演習や卒業研究を取り仕切るこの人は、学部を卒業したばかりだというのに、何でもよく知っていた。工学部30年ぶりの大秀才の助手が務まるのは、最低でも学科3年ぶりの秀才だけである。なおこの人は、2年後に東京大学計算センターの講師、そしてその後間もなく、山梨大学の助教授に迎えられている。

土木工学科の卒業生は、新人研修を受けたあとすぐに、ダム工事の現場監督を務めさせられたということだが、この当時の工学部では、卒業と同時にプロが務まるような教育を施していたのである。

学生が、神出鬼没のモリアーティ教授に面会を求めると、アポイントメントが取れるのは2〜3日先、時間は15分が限度だった。秘書を務める奥平女史は、あちこちからやってくる面会依頼を、スケジュール表に埋め込んでいく。

教授と連絡が取れないときには、教授の動静を把握している夫人の指示を仰ぐ。モリアーティ教授といえどもヒューマン・ビーイングだから、多少は夫人に隠しておきたいこともあるだろう。ところが当時の森口教授は、裏も表もない「メビウスの帯」のような毎日を過ごしていた。

夫人と協力して、森口教授のスケジュールを管理している奥平秘書は、公務員試験をパスした歴とした国家公務員である。その上この人は、東大土木工学科の助手を夫に持つ歴とした主婦でもある。

東大教授という重要人物の秘書に採用されるための条件は、1に口が固いこと、2に身持ちがいいこと、3に頭がいいことである。

このような条件を満たす人といえば、まずは良家のお嬢様である。事実、東大教授の秘書にはこのような人が多かった。こういう人は、優秀な学生や卒業生に見染められて、すぐに良縁がまとまる。

若い秘書のターゲットは、将来偉くなりそうな人、できれば東大もしくはそれに準ずる有力大学の教授になりそうな人、もしくは大企業の経営陣に連なりそうな人である。上記の3条件に、〝美人〟という条件が加われば、この希望は間違いなく満たされる。

奥平秘書は特別な美人というわけではないが、将来東大教授になる可能性を持つ人を引き当てた、〝勝ち組〟の1人である（残念ながら、将来を嘱望された奥平助教授は、教授になる一歩手前で病死してしまった）。

奥平夫人は、森口研究室の卒研生4人、大学院生5人、研究生1人の成績（大学に入学して以来すべて）を把握している。またヒラノ青年が教授から受けた、「君はもう少し勉強しなくてはダメだな」とか、「この程度の仕事に3週間もかかるのかね」といったお叱りの言葉を全部記憶している。

その上、教授夫人の「ヒラノ君は不勉強だから、将来の見通しは暗いわね」だとか、「結婚したからと言って、碌々勉強せずに、アルバイトばかりやっているなんて、どういうつもりかしら」といった辛辣な言葉も、すべて脳の中に格納しているのだ。

すべてを知っているくせに、それをおくびにも出さない大教授の秘書は、落ちこぼれ学生にとって、超ケムタイ存在だった。

学科運営に伴う事務作業については、事務主任・中山淳氏の献身的奉仕に触れなくてはならない。利根川の向こうから、2時間近くかけて通ってくる20代半ばのこの人は、大教授のお城であるこの学科の、〝侍従長〟と言うべき存在だった。

中山氏は、この学科に対して卒業生以上に誇りを持ち、度重なる昇進の機会を見送って停年まで事務主任職にとどまり、学科の主として教官・学生に奉仕した。文部事務官としてのキャリアのすべてを、一つの学科で過ごしたのは、この人だけではないだろうか。

分かっていることを分からなくさせる大教授

数理工学コースのもう1人の教授である近藤一夫博士は、森口教授より5つ年上で、東京大学航空学科を出たあと、九州大学助教授、名古屋大学教授を経て、敗戦直後の1946年に、これまた35歳の若さで東大教授に迎えられた人である。

森口教授同様、航空工学から応用数学に転じたこの人は、微分幾何学という武器を使って、「回路のトポロジー」、「数理音声学」などの新分野を立ち上げ、数々の独創的業績を挙げた大天才である。

ところがこの人は、すべてにわたって森口教授の対角線上に位置する人だった。

あちこちを飛び回り、役に立つ実用的研究に取り組む森口教授と、研究室に閉じこもって、すぐに役に立つとは思えない研究に励む近藤教授。若くして陸軍中将のお譲様と結婚した森口教授と、50歳まで独身を通している近藤教授。

マッカーサー（すなわちアメリカ）アレルギーとは無縁の森口教授と、骨の髄までアメリカ嫌いの近藤教授。快活で若々しい森口教授と、何とも老人臭く頑固一徹な近藤教授。まさに裏と表、陰と陽と言うべき2人の教授は、波風立てずに学科運営に当たっているように見えたが、それは森口教授が先輩である近藤教授を立てていたのと、近藤教授が工学部30年ぶりの秀才に一目置いていたからだろう。

数理工学コースに進学した8人の学生は、新学期早々2人の教授の違いを見せつけられた。森口教授の「数理工学第2」という科目は、オペレーションズ・リサーチ（OR）の初歩を扱ったもので、その内容は具体的で分かり易く整然としていた。学生の間では、「森口教授の講義は、分かっていないことでも分かった気にさせてくれる」という定評があった。

一方近藤教授の「数理工学第1」は、難解そのものだった。ここでは数理工学の基礎となる様々な数学、すなわちフーリエ解析、抽象代数学、位相数学、微分幾何学、射影幾何学など、きちんとやれば1学期分に相当する内容を、90分講義2～3コマで終えてしまう。基本的部分を解説したあとは、自分で勉強せよということである。

八ヶ岳登山（教養課程の数学）で遭難しかかった学生を、いきなり5000mの高地に連れて行って、酸欠にさせるようなものである。ところがこれはまだ良かった。大変だったのは、「応用幾何学」という科目だった。その内容は、近藤教授が弟子とともに組み立てた最新理論で、酸欠青年にはそのカケラすら理解できなかった。

分からなかったのは、ヒラノ青年の頭が悪かったせいだけではない。「これから、昨晩証明した大定理を紹介する」と仰るので、分からないなりに恭々しく聞いていると、その翌週に「先週の証明は全部間違っていたので、今日は正しい証明を行う」とあって、その次の週に「やはり元の証明で良かった」と来る。

必死に分かろうとしているヒラノ青年の脳味噌は二転三転し、ぐるぐる巻き状態である。ところが近藤教授は、

「大学の講義というものは、学生が分かっていると思っていることを、実は分かっていないということを分からせるためのものだ」と言い放った。

〃分からないことでも分かった気にさせてくれる〃森口教授と、〃分かっていることを分からなくさせてくれる〃近藤教授！　ところが、分からなくさせてくれる近藤研究室からは、伊理正夫・甘利俊一という、次代の工学部を担う2人のスーパースターが誕生するのである。

天才教授とタダの学生

高田助教授と入れ替わりで、数理工学第2講座の助教授に就任した伊理正夫博士は、森口教授以来20年ぶりの秀才と呼ばれた人である。この2人がコンビを組んだ数理工学第2講座は、１３０年の歴史を誇る東京大学工学部の、〃最強頭脳講座〃だった（異論がある人は申し出て頂きたい）。

森口研究室の学生も多士済々だったが、ここから伊理・甘利のような超大物は育たなかった。その理由は、学生たちが教授の期待に添うべく、すぐに役に立つことを追い求めたことと、ほとんど席が温まらない森口教授から、〝研究スタイル〟を学び取る時間がなかったためではなかろうか。

すぐに役に立つことは、概してすぐに古くなってしまうものである。また研究者が大成するためには、好・不調の波を乗り越えて、粘り強く問題に取組むことが重要である。そして、その時の支えになるのが、優れた研究者から盗み取った〝研究スタイル〟なのである。

ヒラノ教授は、長い間こう考えていた。ところが70歳を超えた今となっては、たとえ森口教授が、より多くの時間を大学で過ごしていたとしても、学生たちが研究スタイルを盗み取ることはできなかっただろうと思うようになった。

なぜならこの人は、問題が与えられると、すぐに解決への最短経路を見つけ出してしまうからである。あれを試してダメなら、これを使ってみよう。それでも駄目だったら、しばらく別のことをやって気を紛らわせる。そのうち何とか解決の糸口が見えてくるという、あの手この手の試行錯誤というものがないのだ。

問題を発掘して、たちどころに自分で解いてしまうと言われた、20世紀最高の（応用）数学者ジョン・フォン・ノイマンが、すぐれた弟子を育てたという話は聞かない。なんでもすぐに分かってしまう天才の下では、すぐれた弟子は育ちにくいのである。

8人の同期生の中には、近藤教授の難解きわまる講義に食いついていく秀才も居たが、半数以上が落ちこぼれた。

〝試験を受けても、絶対に単位が取れない。幸いこの科目は必修ではないから、試験を受けるのはやめにしよう〟。こう考えたヒラノ青年は、口から飛び出しそうな心臓を抱えて、近藤教授に面会を申し込んだ。

応対に出たのは、しばらく前まで近藤教授の助手を務めていた秀才と結婚した結城秘書である。

「近藤先生に御相談したいことがあるのですが」

「どのような御用件でございましょうか」。学生相手にこの丁寧な物言いは、名家の出であることを示していた。

「試験のことでちょっと……」

すると、衝立の背後から教授が顔を覗かせた。

「先生の講義は全く分かりませんので、試験を受けないことにしますが、よろしいでしょうか」。すると教授は相好を崩して、

「そんなことを聞きに来るとは、珍しい学生だね。しかし、君はずっと出席していたのだから、受けるだけは受けてみたらどうかね」

「でも全く分かりませんので、受けても何も書けません」

「ワッハッハ、そうかそうか。君は分からないということが分かっているのだから、立派なものだ。ともかく、受けるだけ受けてみなさい」。この人が笑うのを見たのは、後にも先にもこれ1回限りである。

近藤研究室に所属する大学院生は、この人を〝近チャン〟と呼んでいたから、見かけとは違う面白い人だったのかもしれない。しかし〝今チャン〟ことヒラノ青年は、恐れ多くてそんな風に呼ぶ気にはなれなかった。

結局ヒラノ青年は、仲間とともに試験を受けて、ほとんど何も答えられなかったにも拘わらず、優をもらった（試験を受けた学生は、全員優だったらしい）。

当時の工学部では（そして今でも）、学生時代の成績と社会に出てから成功するかどうかについては、全く相関がないという言い伝えがあり、授業に出ている学生には単位を出すことになっていたようだ。事実、森口教授の「数理工学第2」では、ノート提出だけで優をもらった。

偏屈教授のヒマな秘書

大学院に入ったヒラノ青年は、近藤教授には近寄らないようにしていたので、結城秘書と言葉を交わす機会はほとんどなかった。しかし、たまに廊下ですれ違うと、この人は口に手をあてて「オホホ」と笑った。近藤教授に素ッ頓狂な相談をしに行ったことが、よほどおかしかったのだろう。

当時のヒラノ青年は、〝近藤教授は外部との付き合いが少ないから、結城秘書はさぞかしヒマなのではないか〟と思っていた。〝超多忙な森口教授の留守を預る奥平秘書は大変だろうが、父親のような年令の独身・偏屈教授の部屋で、仕事もなく時間を潰す結城秘書も大変だろう――〟。

ところがヒラノ青年は、後日大学教授になってみて、結城夫人は奥平夫人より忙しかったかもしれないと思うようになった。

近藤教授は、「応用幾何学研究会（RAAG）」なる国際学会を主宰し、その会長を務めていた。会員数は高々200名程度（?）ながら、その中には海外の高名な研究者をはじめ、日本各地の有力研究者が数多く含まれていて、きわめて活発な研究活動を行っていた。

会費の徴収と管理、会報の発行、研究会の案内状の作成や発送には、かなりの手間がかかる。この種の事務作業は、結城秘書が引き受けていたはずだから、週に2日くらいつぶれただろう。

もっと大きな仕事は、このグループが発行している論文集『RAAG Memoirs』の編集作業である。2年に1冊のペースで刊行されるこの論文集は、1冊が700ページに達する分厚いもので、その編集作業は編集長を務める近藤教授の研究室が請け負っていた。「応用幾何学」の講義テキストとして使われているこの重量本は、前提も途中もそして結論も、全く分からない論文で埋め尽くされていた。

近藤教授とその仲間たちが量産する、数式だらけの英文論文のタイプを外注すれば、1ページ当たり3千円くらいは取られただろう。年に350ページの論文が生産されるとすれば、全部で100万円、現在の物価水準で言えば700～800万円という大金である。近藤教授の研究は、（森口教授と違って）すぐ役に立つようなものではないから、このすべてを賄うだけの研究費を持っていたとは思えない。

だとすれば、結城夫人がタイプ打ち（の少なくとも一部）を引き受けていた可能性が高い。ワープロもパソコンもない時代だから、これは大変な作業である。もしこの推理が当たっていれば、結城秘書も奥平秘書と同じくらい忙しかったということだ。

国費で雇用される秘書（教室系事務官）がつくのは、1講座につき1名までである。だから教授が秘書を専有してしまえば、助教授以下は自ら秘書を兼務するか、どこかから手に入れた研究費で秘書を雇用しなくてはならない。

森口教授とペアを組んでいた高田助教授は、必要に応じて奥平秘書に仕事を頼んでいたものと思われる。一方、近藤教授の反対を押し切ってアメリカに留学し、帰国後は別棟に〝流刑〟処分にあった大島助教授は、結城秘書に仕事を頼むことはできなかっただろう。

大島助教授には助手も大学院生もいなかったから、（次に書く）筑波大学時代のヒラノ助教授のように、あらゆる雑用を自分でやっていたのではなかろうか。

研究費に余裕がある助教授は、若い女性を雇って仕事を頼んでいた。東大は、若くて将来性がある男性を射止める絶好の猟場だから、秘書になりたい人はいくらでもいた。需要・供給の法則によって、東大助教授はタダ同然で、ピカピカの女性を雇用することができたのである。

才能ある独身助教授が、密室で美人秘書と毎日2人だけで暮らすと何が起きるか。ヒラノ青年の知り合いの中には、助手もしくは助教授時代に、秘書（その多くは資産家の娘）と結婚した人が何人もいる。

周囲の男たちは、「秘書と結婚するなんて甲斐性のない奴だ」と揶揄しつつも、内心〝あの野郎、うまくやりやがったな〟と羨望の念を抱くのである。

なお当時学生の間では、秘書と結婚するのが最も甲斐性がない男、次が小学校時代の同級生、その次が中・高校時代の同級生。一方、最もかっこいいのがスチュワデス、その次が合コンでトンジョ（東京女子大）などの名門女子大生を射止めた男だということになっていた。

2　大教授と秘書——海外編

スタンフォード大学ＯＲ学科

サンフランシスコの南60キロのところに位置する、スタンフォード大学に留学する機会が巡って来たのは、修士課程を終えて3年目の１９６８年である。１９７０年代に入ると、この大学を中核として、一大ハイテクセンター「シリコン・バレー」が形成されるのであるが、60年代末のスタンフォードは、その後の大発展に向けて助走を始めた段階にあった。

ヒラノ青年が所属したのは、設立されて2年目の「オペレーションズ・リサーチ（ＯＲ）学科」である。

1年の4分の3を初夏のような気候に恵まれ、１１００万坪の敷地と1兆円に迫る金融資産を持つこの大学は、ハーバード大学から「一般不可能性定理」で、後にノーベル賞を受賞するケネス・アロー、カリフォルニア大学バークレー校から「線形計画法の父」と呼ばれるジョージ・ダンツィク、スイス連邦工科大学から「カルマン・フィルター」で後に京都賞を受賞するルドルフ・カルマンという三大教授を引抜き、世界一のOR学科を創設した。

プリンストン大学数学科の1番、MIT航空工学科の1番、カリフォルニア工科大学機械工学科の1番、エコール・ポリテクニクの（超）1番、テルアビブ大学経済学科の1番など、15人の大秀才に混じって、東京大学数理工学コース3番のヒラノ青年が、世界一の学科から入学許可をもらうことができたのは、GRE（大学卒業資格試験）の偏差値が70だったこと（これは日本の工学部の学部教育レベルが、アメリカの水準を上廻っていたことを示している）と、森口教授の推薦状を頂いたおかげである。

東大工学部30年ぶりの秀才は、アメリカ留学時代に数理科学（応用数学）界に君臨するユダヤ系グループから、〝日本にモリグーティあり〟と評されるほどの名声を獲得した。アメリカの大学は、日本人だろうがルーマニア人だろうが、才能がある人間を国籍と関係なく厚遇する。

森口教授は、コロンビア大学やスタンフォード大学からの、教授ポストのオファーを断って日本に戻り、わが国の産業界の〝役に立つ〟仕事にエネルギーを投入した。

もし、ノーベル賞を受賞した南部陽一郎博士や根岸英一博士のように、東大を辞めてアメリカに留まっていれば、世界を代表する数理科学者として、尊敬を集めていただろう。弟子の一人としては、ユダヤ勢力の顔色をなからしめる、モリアーティ教授の活躍ぶりを見たかったという気もするが、森口教授はより重要な仕事、すなわち日本の産業界や数理工学の発展のために、全力投入したのである。

論文生産に血道を上げる若い研究者の中には、あまり論文を書かなかった森口教授を、「アメリカで生まれた応用数学理論の輸入業者のようなものだ」と批判する人もいた。しかし森口教授は、アメリカ流の論文至上主義を排して、日本社会の要請にこたえたのである。

スタンフォード大学のOR学科には、森口教授の才能を知る2人のユダヤ人が居た。その1人である、学科主任のジェラルド・リーバーマン教授（この人は鳩山元総理の指導教官である）は、スタンフォード大学の統計学科で同僚だった人である。

「モリグーティの頭の良さは、（ノーベル賞を受賞した）ケネス・アローに匹敵する」。これはリーバーマン教授が、ヒラノ青年に漏らした言葉である。

もう1人の、「線形計画法の父」ことジョージ・ダンツィク教授は、1950年代に来日して連続講演会を行った際に、通訳を務めた森口教授の博識に驚嘆し、周囲に対して「（線形計画法の創始者である）私より線形計画法に詳しい」と漏らしたということだ。

スタンフォードに到着したヒラノ青年は、すぐさまダンツィク教授のオフィスを訪れた。OR学科の建物は、「アルバラド・ハウス」と呼ばれる民家――マービン・ルローイの名作映画『若草物語』で、4人の姉妹が住んでいたのと同じような木造2階建ての建物――を改造したもので、玄関を入って左側の6畳程度の部屋がダンツィク教授のオフィス、廊下を挟んで反対側の大部屋に、学科主任のリーバーマン教授と4人の秘書が、そして2階には5人の若手教授が住んでいた。

東大助教授のオフィスの半分にも満たないスペースに、世界的大教授が住んでいるのである。半年後にこの学科は、「エンシナ・コモンズ」という由緒ある建物に移動するのであるが、学科設立から2年余り、世界的頭脳集団は民家で論文を書きまくっていた。

スーパー・セクレタリー

この学科では、学長に指名された学科主任と、主任を補佐する助教授が、秘書の協力のもとで学科の雑務を一手に引き受けていた。このためノーベル賞級のヒラ教授は、研究と教育に専念することができたのである。

学科が設立された1967年から1975年まで、8年間にわたって学科主任を務めたリーバーマン教授は、弱冠33歳でスタンフォード大学統計学科の正教授ポストを射止めた第一級の統計学者である。この人は、研究者生命を投げうってOR学科の運営に全力投入し、世界一の学科を作り上げた。

学科副主任を務めるのは、30代半ばのグロス助教授である。この人は、博士号を取ってから5年以上経つのに、まだ助教授（アシスタント・プロフェッサー）ポストに据え置かれていた。学生たちの間では、この人が准教授に昇進できるかどうかをめぐって、賭けが行われていた。

アメリカの助教授は、いわば〝試用ポスト〟である。6年以内に准教授（アソシエート・プロフェッサー）に昇進すれば、終身教授資格（テニュア）が手に入る。しかし、6年経っても昇進できなければ、よその大学に移らなければならない。

結局この人は、ぎりぎりで昇進を果たすのであるが、学生たちは、雑用をこなした功績で昇進を果たした、と陰口をたたいていた。

アメリカの大学は、日本に比べれば雑用が少ないとは言うものの、日本ではすべての教授が順番に引き受ける雑用を、教授2人と秘書2人でこなすのだから、かなりのロードである。

リーバーマン教授の右腕を務める、主任秘書のモーリン・シーモアは、デビュー当時のジュリア・ロバーツのような長身の美人である。アメリカにおける優秀な秘書の条件は、1に口が固いこと、2に頭が切れること、そして3に（身持ちがいいことではなく）タイプが上手なことである。

因みにモーリンは、シアトルにある名門ワシントン州立大学の出身で、高校時代にタイピング・コンテストで優勝した経歴をもつ「早打ち娘」である。人柄がよく頭もよく、体力もサンドラ・ブロック級のスーパー・セクレタリーである。

金曜の夕方、愛車のフォード・ムスタングを運転して、900マイル（1400キロ）先のシアトルにある実家までぶっ飛ばし、月曜の朝には何食わぬ顔でオフィスにやってきて、8時間タイプを打ち続けても平気だという噂だった。

一方、（経済学部と併任のアロー教授を除く）8人の平教授の面倒を見るのが、3人の秘書である。ルール上は一つの講座に1人だが、実際には教授1人につき1人の秘書がつく東大工学部と違って、この学科の秘書は、1人で2人以上の教授の面倒を見ていた。

これが可能なのは、ひとりひとりが有能であることはもちろんだが、主任と副主任以外のヒラ教授には、ほとんど雑務というものがないからである。また、企業との付き合いは週1日まで、というルールがあったし、ワシントンやニューヨークから遠く離れているので、役所の審議会や企業の研修会に呼び出されることもない。

したがって、ヒラ教授は夏休みの3ヶ月間を除けば、ウィークデーの9時から5時までは、大学のオフィスで研究と教育に時間を割いているのである。

50代半ばのダンツィク教授は、キャンパス裏の丘の上にある大邸宅から、古びたカバンをぶら下げて徒歩で研究室にやってくる。ヒラノ青年は、毎週水曜の午後1時に教授の部屋を訪れ、1時間余りにわたって博士論文の相談に乗って頂いた。

ORの世界で最も役に立つ、「線形計画法」を生み出したダンツィク教授は、まことにゆったりした研究生活を送っていた。「線形計画法の父」は、後に「20世紀のラグランジュ」と呼ばれることになるのであるが、アメリカの大学はノーベル賞級の大研究者には、雑用などさせないことになっているのだ。

一方日本はどうかと言えば、有能な人ほど忙しい。例えば、ダンツィク教授より2つ年下のモリアーティ教授は、このころも超多忙な毎日を過ごしていた。その超仕事人間ぶりを知ったのは、通産省の役人を従えて、スタンフォードの計算機科学科を訪れた時である。

この人は調査を終えてホテルに戻ると、夕食の前に、その日の調査内容をテープレコーダーに吹き込む。夜のうちに役人がそれを文章に起こし、翌朝調査にでかける前に、モリアーティ教授が朱を入れる。これを繰り返し、1週間後に羽田に戻った時には、100ページの報告書が完成しているという次第である。

アメリカでの仕事は、アメリカにいるうちに終わらせる。これがモリアーティ教授の超効率的仕事スタイルなのである。

しかしこのような調査は、森口教授にご登場願わなくても、誰か別の人にやってもらってもいいはずの仕事である。しかし賢い役人は、有能な森口教授に頼めば、確実に素早く報告書を書いてくれることを知っているから、次々と仕事を依頼する。

頼まれたことは断らないスーパー・エンジニアは、これらの仕事を引き受け、効率よくやり遂げる。しかしその一方で、ダンツィク教授のように、じっくり研究している時間が無くなってしまうのである
さて、ダンツィク教授の担当秘書であるゲイル・ハモンド女史は、年の頃は30代はじめの

独身女性である。アメリカの秘書は、ウィークデーの9時~5時以外は働かないと言われているが、そうとは限らない。各種の研究費申請書類の締切日が重なる年末の繁忙期には、ミス・ハモンドは夜遅くまで、そして週末にも大学に出てきて仕事をやっていた。

ダンツィク教授は、学科の年間総予算の半分に相当する、50万ドル(当時の円換算で1億8千万円! ヒラノ青年の日本での給料の5千倍以上である)の研究費を稼ぎ出すドル箱教授だから、毎年膨大な申請書類を作らなくてはならない。

休みを返上して書類作成に当たってくれたミス・ハモンドが、結婚して仕事を辞めたときのダンツィク教授の嘆きは、並大抵のものではなかった。

後任として採用されたキャロラインは、気の利かない女性だったから、ダンツィク教授はいつも愚痴をこぼしていた。大教授とうまくいかない秘書は長続きしない。半年で辞めたキャロラインの後任は有能な女性だったが、ハモンド女史とは比べるべくもなかった。

かくして、数年後にシュタイン夫人となったゲイルが復帰するまで、ダンツィク教授は不遇をかこつことになったのである。

その後ゲイルは、ふたたび教授に献身的に尽くした。1992年の夏、スタンフォードを訪れたヒラノ教授は、たまたま開かれたゲイルの退職セレモニーに招待された。77歳のダンツィク教授がゲイルに花束を渡す姿は、20年後の今も、ヒラノ教授のアルバムの中で燦然と輝いている。

秘書の待遇

1年中初夏のような気候に恵まれた、〝地上の楽園・スタンフォード〟で、3年の留学生活を過ごしたヒラノ青年は、その1年後の1972年に、中西部の酷寒地マディソンにあるウィスコンシン大学に招かれ、〝地獄のような〟1年を過ごした。

当時のこの大学は、全米大学ランキングで20位以内に入る有力校で、ヒラノ青年が所属した「数学研究センター」には、10人ほどの専任教授と4～5人の客員教授がいた。ここでは高齢のバークレー・ロッサー所長に替わって、ヒラノ青年と同年齢のスティーブ・ロビンソン助教授が、主任秘書・メリーの協力の下で、すべての雑用を請負っていた。

専任教授は、60歳前後の功成り名遂げた大物が多く、口が悪い人はこの研究所を「養老院」と呼んでいた。

数学者という生き物は、もともとエンジニアのように論文を書きまくったりしない。60超の老人となれば、年に1編書けばいい方である。

ところが論文生産量が少ないと、スポンサーから研究費をカットされる。そこで、外部から呼んできた若手研究者に、ガンガン論文を書かせて点数稼ぎをしよう、というビジネスモデルが生まれる。

全米一の応用数学研究所には、一流大学の専任ポストにあぶれた多くの若者が殺到する。

それらの人を断って呼んでやった鶏が、年に1つしか卵を産まないとなると、これは役立たずのダメ鶏である。アメリカのダメ鶏がどれだけ辛い生き物かは、なってみなければ〝絶対に〟分からないだろう。

陸軍の資金で運営されているこの「養老院」は、東西緊張緩和（デタント）政策によって軍事予算が削減されたため、年々研究費を減らされ、その後10年を経ずして廃止されてしまうのであるが、メリーはいつも給料が少ないことを愚痴っていた。

給料が少ない秘書のアルバイトは、論文のタイプ打ちである。120ページの数式入り手書きの博士論文をタイプしてもらったときの謝金は150ドルだった。約2週間で見事に仕上げてくれたが、学生の奨学金が1ヶ月で300ドルの時代だから、2週間で150ドルの副収入は、割のいい仕事だったのではなかろうか。

秘書のミゼラブルな待遇について知ったのは、7年後の1979年に、中西部インディアナ州にあるパデュー大学で半年を過ごしたときである。根岸英一教授のノーベル化学賞で脚光を浴びたこの大学は、ヒラノ教授にとって、（次章で紹介する）筑波大学に次ぐ退屈な所にある大学だった。

ヒラノ教授はある本の中で、全米ナンバーワンに輝いたプリンストン大学を、〝アメリカの有力大学の中で、2番目に退屈な町にある大学〟と書いて、プリンストンびいきの数学者の顰蹙を買ってしまったが、ナンバーワンは、全米ベストスリーの工学部と、全米30位程度のビジネススクールを擁するこの大学である。

大学があるウエスト・ラファイエットの町は人口4万弱、ワバシュ川の対岸にあるラファイエットと合わせても、8万に届かない小都市である。しかも周囲は、行けども行けども真っ平な大平原で、150キロ北のシカゴ、もしくは100キロ南のインディアナポリスまで行かないと、まともな文化施設はない。

研究さえやれれば、それ以外のことはどうでもいいスーパー・サイエンティスト（たとえば根岸英一教授）にとっては魅力的な大学かもしれない。しかし標準的エンジニアであるヒラノ青年にとっては、全く面白くないところだった（ここに30年も暮らして、おかしくならなかった根岸夫人には、心からの敬意を表する次第である）。

学部長秘書の父親が経営するアパートを借りたおかげで、ヒラノ准教授はこの人の月給が1000ドル程度であることを知った。ヒラ秘書の場合は800ドルくらい、つまり39歳の客員准教授の給与の5分の1という水準である。

教授の給料が高すぎるのか、秘書の給料が低すぎるのか。答えはどちらもバツ。秘書の待遇は、需要と供給の法則によって、経済学者が言うところの〝適正な〟水準に決まるのである。

教授の給与も、需要が多いビジネススクールは工学部の2割増しで、需要の少ない哲学や文学の教授は、工学部教授よりかなり少ない。

またステータスが高く、就職希望者が多い都会の有力大学（たとえばハーバード大学）より、中西部の小都市にある大学（たとえばアイオワ州立大学）の方が給与は高いといわれていた。

アメリカには、秘書になりたい人・なれる人が沢山いる。知的でクリーンな職場だし、転勤なしで長く勤めることができる。また、自力で結婚相手を見つけなくてはならないアメリカ人女性にとって、大学は絶好の猟場である。

若い秘書たちは、将来性のある学生に狙いを定め、積極的に攻勢をかけていた。アメリカ人秘書の条件から、〝身持ちの良さ〟を外したのはこのためである。しかしその狩猟は、職を賭してのギャンブルである。うまく獲物を仕止めればバンザイだが、捕まえ損なったら同じ猟場で2度目のチャンスはない。

スタンフォードのスーパー・セクレタリーは、この狩猟に失敗したために、大学を辞めたあと音信不通になってしまった。職場ではファースト・ネームで呼び合うのが普通なので、いなくなって1年もすると、その人のファミリー・ネームを思い出せなくなる。

ウィスコンシン大学でお世話になった、秘書のメリーにクリスマス・カードを出そうとしたが、ファミリー・ネームが思い出せない。そこで「ウィスコンシン大学数学研究センター・秘書メリー様」宛で送ったところ、宛先人不明で戻ってきてしまった。

秘書は何人もいたのだから、1年かそこらで、全員が辞めてしまうことはないだろう。1

人でも残っていれば、転送してくれそうなものだが、辞めた後は、たちまち宛先人不明扱いになってしまうのである。

大学生だった頃、戦争直後に東京に勤務していたというアメリカ人が、「銀座のハナコに連絡を取りたい」と言っているのを耳にして大笑いしたことがあるが、ファースト・ネーム社会はその場での親密な関係とは裏腹に、ひとたびそこを離れれば人間関係が消滅する、〝その場限りの社会〟なのである。

日本とアメリカの大教授秘書について書いたついでに、ヨーロッパの秘書についても少しばかり書いておこう。

コンチネンタル秘書

筑波大学に移籍して間もない頃、ヒラノ助教授はウィーン郊外に設立された「国際応用システム分析研究所」への出張を命じられ、ここで1年を過ごす間に、イギリス人とオーストリア人秘書と付き合う機会があった。

この研究所は、東西デタント政策の象徴として、アメリカとソ連のリーダーシップの下で、世界レベルの大問題を分析するために設立されたもので、西側からは米・英・仏・西独・伊・カナダ・オランダ・日本の8ヶ国、そして東側からはソ連・東独・チェコスロバキア・

ポーランド・ハンガリー・ユーゴスラビア・ルーマニア・ブルガリアの8ヶ国が参加した。

ウィスコンシン大学では、働かない秘書は、「コンチネンタル・セクレタリー」と呼ばれていた。コンチネンタル・タンゴがヨーロッパ産のタンゴのことを指すのと同様、コンチネンタル・セクレタリーとは、あまり働かないヨーロッパ風の秘書のことをいうのだが、方法論プロジェクトの主任秘書を務めるヘザー・ハレット女史は、紛れもないコンチネンタル・セクレタリーだった。

そもそもの出だしからして最悪だった。

日本を発つ前に、〝フランクフルトから汽車に乗り、×月×日朝7時にウィーン西駅に到着予定〟という手紙を出したところ、ハレット女史から、〝8時に駅まで迎えの車を出すので、駅の待合室で待つように〟という指示があった。

そこで、ウィーンに着きさえすればどうにかなると思って、地図も見ないでやって来たのが運のつきだった。

親子4人が待合室で待機したが、8時半を過ぎても迎えの運転手は姿を見せない。研究所に電話をかけようとしたところ、駅の公衆電話は3台とも故障の貼紙。1974年のウィーンは、1950年代の東京のようなところだった。

駅を出て大衆食堂で電話を借り、研究所に電話をかけたが誰も出ない。9時半にやっと繋がった電話でハレット女史は、「You can take a cab（タクシーに乗って来い）」と言い放った。

〝何なんだ、これは！〟。

迎えが来ることになっていたと言うと、運転手は飛行場にハーバード大学のS教授を迎えに行っているという。つまり、アジアから来た小物との約束を破棄して、アメリカから来る大物の便宜を図ったのだ。

議論していても埒が開かないので、タクシーを摑まえようとしたところ、3台続けて〝Nein！〟。4台目でやっと交渉が成立したが、20キロ南のラクセンブルグに到着した時には、12時を廻っていた。へとへとの日本人を迎えたハレット女史は、まことにアッケラカンとしたものだった。「運転手が1人しかいないから悪いのよ」だってさ。

一事が万事この調子のコンチネンタル・セクレタリーは、研究員の間でも評判が悪かった。しかし待遇の悪さからすると、秘書が働かないのは無理もないような気がする。オーストリア人秘書の給料は、30代半ばのアメリカ人研究者の2割程度の水準である。主任秘書には、ある程度の手当てがつくとしても、ウィーンはヨーロッパで最も物価の高いところだから、生活は楽でない。

間もなくハレット女史は、プロジェクト・リーダーのダンツィク教授と衝突して、契約途中でイギリスに帰ってしまった。この後しばらく主任秘書は空席になっていたが、その後を埋めたのが、ダンツィク教授の後任として、プロジェクト・リーダーを務めることになった、チャリング・クープマンス教授（イェール大学）夫人のトルース女史である。

日本では、助教授が秘書と結婚するのはよくある話だが、妻を秘書にする教授にはお目にかかったことがない。しかしアメリカでは、(助)教授夫人が秘書をやっている例はいくらでもある。賢夫人の誉れ高かったクープマンス夫人は、オランダ出身でありながら、完璧なアメリカン・セクレタリーだった。

主任秘書の差配で、タイプ打ちやビジターの面倒をみる、オーストリア人セクレタリーはよく働いていたが、一様に無口で無表情だった。セクレタリーだけではない。オーストリア人は押しなべて無口だった。それは彼らが外国人を警戒していたからである。

1954年まで、英・米・仏・ソの4ヶ国に分割占領されていたオーストリアには、2年後の「ハンガリー動乱」の際に25万人の難民が流れ込んだ。またその後遺症が消えかかった1968年には、「プラハの春」事件が起こっている。それから6年にしかならない1974年、オーストリア人のソ連に対する恐怖は尋常ならざるものがあった。

(ソ連嫌いの)ダンツィク教授がリーダーを務める方法論プロジェクトには、東側研究者は1人も居なかった。一方、環境問題プロジェクトや国際河川プロジェクトには、ロシア人が溢れていた。

研究所に勤めるロシア人の大半は、KGBのエージェントだと言われていたから、オーストリア人秘書が無口になるのは当然である。ロシア人が嫌いなついでに、オーストリア人はロシアにかしずく東欧人を敬遠していた。

日本人には親近感を示してくれたのは、ドイツ・オーストリアとともに、連合軍と戦ったからだろう。

オペラ座で隣の席に座った老紳士から、「日本人か」と尋ねられて、「そうだ」と答えた時、「今度はイタリア抜きでやろうぜ」と言われて意気投合し、オペラがはねた後、このオーストリア人医師と、ワインケラーで大いに盛り上がったのでした。

3　荒野の教育・雑務マシーン

新構想大学

ヒラノ青年は、修士課程を出て民間研究所に就職した時点で、一生大学に戻ることはできないだろうと思っていた。

工学部という組織では、博士号がなければ教授はもとより、助教授にもなれない。そしてこの時代、ひとたび大学から放出された人間が博士号を手に入れることは、極めて難しいと考えられていたのである。

ところがその3年後、アメリカ留学の機会が巡ってきた。そして、何重もの幸運に後押しされて博士号を手にしたヒラノ青年は、1974年4月に筑波大学の一般教育・情報処理担当助教授に採用された。

「国際A級大学」を標榜する新構想・国策大学のセールス・ポイントは、〝雑用のない大学〟

だった。強力な権限を与えられた「学類長」と「学系長」が、事務スタッフの協力の下で雑用を処理し、一般教官は研究と教育に専念できるというのである。

これぞまさに、アメリカの一流大学が採用しているシステムである。アメリカで4年を過ごしたヒラノ青年は、〝雑用がない大学〟の惹句に飛びついた。

明治以来、日本の国立大学はドイツをお手本として、「講座制」を採用してきた。大学の基本単位は、教授を中心とする「講座」で、いくつかの講座からなる「学科」、いくつかの学科からなる「学部」、そしていくつかの学部からなるのが「大学」、という構造である。

講座制の大学では、教授は誰の干渉も受けずに、研究・教育活動を行うことができる。しかしその一方で、大学は社会の要請を無視した独善的な組織に堕す危険性をはらんでいる。

また、人事や予算などすべての権限を握る教授と、それ以外のメンバー、特に教授に生殺与奪の権限を握られた助手の間には、様々なトラブルが発生していた。60年代に日本中で吹き荒れたキャンパス騒動は、医学部の（無給）助手の待遇改善運動がきっかけで起きたものである。講座制の矛盾は日本中に満ち満ちていた。

国の組織でありながら、〝学問の自由と教授会の自治〟という錦の御旗の下、国の言うことに耳を貸そうとしない大学に手を焼いた文部省は、新構想大学を創設するに当たって、3つの新機軸を打ち出した。

1つ目は講座制を廃止して、すべての教授を横並びにしたこと。2つ目は教授会の自治権を剥奪するとともに、学生自治会を廃止したこと。そして3つ目は、助手という差別的ポストを廃止したことである。

国の意向を丸呑みして、教授や学生を〝管理〟する新構想大学は、進歩的文化人やジャーナリズムから〝右翼反動大学〟のレッテルを貼られた。しかしノンポリ・エンジニアのヒラノ助教授は、研究が出来さえすれば、ほかのことはどうでもよかった。

この大学では、研究者としての教官は「学系」に所属し、教育組織である「学類」に出向いて教育を行うことになっていた。研究活動に伴う雑務は、教官集団の長である学系長が学系事務官と協力して行い、教育活動に関わる雑務は、学類長が学類事務官の協力の下で行う。

一方、ヒラ教授・助教授・講師は、研究と教育だけやっていればいい、というのである。ところが、これは画期的名案かに見えて、実際には〝迷案〟だった。

1974年に採用されたとき、ヒラノ助教授は情報学類（計算機科学科）がスタートする1977年3月までは、「情報処理」という一般教育科目を担当することになっていた。初年度で400人、完成時には1200人に達する1年生全員に、計算機の初歩を教えるための科目である。

ところが、雑務がないはずのヒラノ助教授を待ち受けていたのは、巨大な雑務塊だった。情報処理グループは、助教授1、講師2の3名の教官からなっていたが、管理職である教授がいないので、学系は成立しない。

学系がなければ、学系長はいないし学系事務官もいない。しかし400人の1年生に対する講義・演習・実習を実施するためには、様々な雑務が発生する。

教育用計算機の選定。計算機メーカーとの打ち合わせ。非常勤講師の選定と交渉。教材の作成。備品・消耗品の購入と管理、等々。言葉にすれば、たいしたことはないように思われるだろうが、どれもこれもまことに時間と神経を使う厄介な仕事である。

研究70%・教育30%、悪くても研究50%・教育50%を期待して陸の孤島に馳せ参じた若者は、雑務70%・教育30%という現実を前に臍を噛んだ。研究者として最も大事な30代前半の3年間、研究する時間が取れないということだ。

秘書を雇って雑務を手伝ってもらえばいいかと言えば、一般教育担当助教授の年間研究費は、30万円ぽっきりである。英文論文を1編書けば、タイプ代、掲載料、その他で10万円くらいかかる。書籍や文房具も買わなくてはならない。したがって、秘書を雇うには自腹を切らなくてはならないが、2人の子持ち助教授には、切るべき自腹がない。

その上陸の孤島には、大学を援護するコミュニティーもカルチャーもない。周りは杉林、梨畑と養豚場ばかりで、文化的施設は何もないのである。時折農家のオバサンが、梨を売りに来たついでに、若手助教授を相手に、娘の抱き合わせ販売をやっていた。しかし、お嫁さんならともかく、中卒女性に秘書は務まらない。

3年目に入ると、ミゼラブルな住環境はベリー・プアにまで改善されたものの、住んでいるのは公務員と農民ばかりである。もはや、〝10年以内に人口10万人の学園都市が出現する〟という、役所の希望的観測を信じる人はいなかった。

教育・雑務大学

1977年4月にスタートした情報学類（計算機科学科）では、完成時には34人の専門教育担当教官と、10人の一般教育担当教官の合計44人が、1学年80人（普通の大学の2学科分）の学生を教育することになっていた。

学科を新設する際には、膨大な雑務がつきものである。既に紹介したとおり、新設されたスタンフォード大学のOR学科では、学科主任と副主任、そして主任秘書がすべての雑務を引受けていた。

これでうまくいっていたのは、この学科には学部学生がいなかった上に、博士課程の定員が1学年15人、修士課程が75人、全体で100人程度の小規模な学科だったからである。

スタンフォードをはじめとするアメリカの大学の工学部では、1年間に45単位分の講義を履修すれば、（修士論文を書かなくても）修士号を手に入れることができる。したがってヒラ教授の教育負担は、75分の講義を週に4コマと、博士課程の学生3～4人の指導がすべてである。

この結果、ＯＲ学科のヒラ教授は、研究に50から55％、教育に40％、そして雑務が5から10％という、理想的時間配分が可能になるのである。

ところが、筑波大学の情報学類は全く様子が違った。1学年80人の学部学生は、入学したときはまだ18歳の〝子供〟である。親元を離れて、陸の孤島に建設された全寮制の大学に入学した子供たちは、次々と厄介な問題を引き起こした。

ホームシックや5月病にかかる学生。医学部のワル先輩に、おもちゃにされてしまった女子学生。新興宗教集団にはまり込む学生。またそこから離脱を図ってリンチに逢い、発狂してしまった学生。校内デモ禁止に抗議して、下水道管から大学本部に侵入した廉で除籍処分を受けた学生。彼らへの対応は、基本的には学生部の仕事だが、しばしば担任教官が協力を求められた。

発狂した学生を親に引き渡すまでの、2日間にわたる見張り役。夜な夜な学生寮に女子学生を引き込んで、桃色嬌声公害をばらまく学生に対する説諭。「デモをやって退学になってもいいのか」という、筋金入りの活動家に対しては全く意味をなさない説得などは、今思い出してもやりたくない仕事だった。

学生たちは、4年間で130単位の講義・演習・実験、そして卒業研究を履修するのだが、カリキュラムの調整、実験設備の選定・維持・管理には、膨大な時間がかかる。

またこの大学では、お声が掛かれば他学科の学生に対しても、教育サービスを行わなくてはならない。この結果ヒラノ助教授は、ピーク時には週7コマの講義を担当していた（これは、既存の国立大学工学部助教授の2倍である）。

高等学校の先生には、「7コマくらいなんだ」と言われるかもしれない。しかし、大学教授の任務は教育だけではない。研究や社会的活動にも時間を割かなくてはならないヒラノ助教授にとって、出欠の集計や配布資料のコピーなどは、誰かにやってもらいたい仕事だった。

虚しい仕事の代表は、どうでもいいことを議論する諸々の会議である。新設学科には、〝慣行〟というものはないから、大小取り混ぜすべてのことを、一から決めなくてはならない。どうでもいいことは、学系長や学類長が権限を行使して適当に決めてくれればいいのだが、民主主義の下で育った人だから、何でも教授会に諮って決めようとする。

ただでさえ時間がかかるところにもってきて、教官集団はカルチャーの異なる東西両横綱の東大・京大を始め、あちこちの大学からやって来た〝おれが、おれが〟集団だから、議論はなかなかまとまらない。

この結果、月1回のはずの学系会議と学類会議は、月2回が常態になった。おまけに、ほとんどの教官が大学近辺の公務員住宅に住んでいるのをいいことに、学系長・学類長は夜7時から緊急会議を招集する。

4つの組織に関わるヒラノ助教授は、月10回以上の会議への出席を求められた。学類・学系会議以外にも、100を上廻る全学レベルの会議がある。研究・教育・厚生補導・キャンパス内交通・環境保全・各種センター運営委員会、エトセトラ。月1回のものから年1回のものまで様々だが、とにかく会議が多いのである。

アメリカの大学では、ヒラ教授は週1回ランチタイムに集まって学科主任の話を聞く。ヒラ教授が平時に出席する会議はこれだけである。学生の処分やカリキュラムの改革などについて、検討委員会が設けられることはある。しかし、交通問題や環境保全問題などに、ヒラ教授が関与することはあり得ない。

日本の大学教官が最も緊張する雑務は、入学試験というスーパー雑務である。2日にわたるセンター試験と、それに続く学科入試で、日本の大学はアメリカの大学に毎年1週間分の後れを取っているはずだ。

アメリカの大学では、博士号をもつスタッフを擁するアドミッション・オフィスが、書類選考で学生を選抜し、ヒラ教授ごときが首を突っ込む機会はないし、その必要もない。日本では、いい学生を集めるうえで、入試は必須な業務だということになっている。ところがアメリカの有力大学は、全国共通資格試験（SAT）と書類選考、そして最終面接だけで、十分いい学生を集めている。

一定レベル以上の学力をもつ学生を集めさえすれば、入学後の教育によって、大学の質を維持することは十分可能だ、というヒラノ助教授の主張の正しさは、アメリカの有力大学によって証明済みである。

ヒラノ助教授が所属する電子・情報工学系の事務室には、3人の女性事務職員（うち1人はアルバイト）がいた。3人のチーフである〝タマエチャン〟は、国語も英語も経理も堪能な女性公務員だった。しかし、この人は学系長の秘書を務めているので、助教授ごときが仕事を頼むことはできない。

他の2人は、十数人の教官からランダムに飛び込んでくる仕事に対応していた。しかしあまりに忙しそうなので、ヒラノ助教授は仕事を頼む気になれなかった。

教官は年々増え続け、20名を超えても、事務職員はアルバイト・スタッフが1人増えた程度である。アメリカのスーパー・セクレタリーといえども、1人で5人の教官の面倒を見ることはできない。したがって、一般教育担当助教授が頼めるのは、学系長の依頼で学長への要望書を作るといった、公式の仕事に限られた。

というわけで、ヒラノ助教授はすべて事務作業を自分でやっていた。講義資料のコピー作りや試験の採点、出欠簿の整理も、7科目となるとかなり手間がかかる。この結果、情報学類がスタートした1977年から82年までの5年間、（パデュー大学に出張していた4ヶ月を除くと）教育50・雑務50・研究0の割合で年間3500時間働く、「教育・雑務マシーン」になってしまった。

もしこのとき、100万円単位の研究費を持っていたら、そして秘書を見つけることができたら、その人に雑務を頼んでいただろうか。答えは恐らくノーである。

第1の理由は、この学科には、秘書を雇っている教授が1人もいなかったことである。教授ですら自分で雑用をやっているのに、助教授ごときが秘書を雇ったら、嫉妬深い教授にあれこれ言われるに違いない。

第2の理由は、狭い研究室で女性と2人きりで1日を過ごすことに、心理的抵抗があったことである。若い女性と一緒では、ゲップ一つできないし、意図せざるセクハラ発言で、問題を起こすかもしれない。

では、同世代の既婚女性はどうかと言えば、成熟した人妻が撒き散らすフェロモンの中で暮らすのは息苦しい。また自分より年上だと、秘書に管理されて過ごすことになるかもしれない（秘書に管理されている教授は、いくらでもいる）。

第3の理由は、雑用も馴れてしまうと、それが生き甲斐になることである。工学部教授にとっては、研究70%・教育30%が理想だとはいうものの、ヒラノ助教授は、教育50%・雑務50%の生活があまり苦にならなかった。

時間が空いたときに、長らくデッドロックに乗り上げている研究に手をつけても、解決の緒口が見つからないから気が滅入る。しかし雑用の場合は、時間をかけさえすれば結果が出る。5時間かかると思っていた雑用を、2時間で仕上げたときには、快感すら覚える。

つまり、成果が出るか出ないか分からない研究より、必ず成果が出る雑務をやっている方が、ストレスが溜まらないのである。

教育50％・雑務50％の助教授を、人は「教育・雑務マシーン」と呼ぶ。初めは屈辱感を覚えても、仲間たちもすべてそうなのだから仕方がない。雑務に生き甲斐を見出すヒラノ助教授には、秘書を雇うインセンティブは無かったのである。

進駐軍事務官

8年にわたって、ヒラノ助教授が付き合った筑波大学の進駐軍事務官は、とても怖い人たちだった。酸鼻をきわめた「東京教育大学大紛争」のあとを引きずる国策・筑波大学には、文部省の右派エリートが送り込まれていた。彼らにとって、自治権を剝奪されたヒラ教授ごときは、管理の対象にすぎなかった。

また部局詰めの事務官も、開学当初は進駐軍スタッフが多かった。地元で採用しようと思っても、陸の孤島に作られた大学に応募する人が少なかったせいだろう。当然の帰結として、部局事務官は本部事務官と一心同体の、〝ゴワーイ人〟だった。

学生時代に、骨身を削って学生と教官に奉仕する事務官を見てきたヒラノ助教授は、筑波の事務官を〝特高事務官〟と呼んでいた。彼らの多くは筋金入りのタカ派で、（教育大学時代のように）教員の言うことを聞いていたら、文部省が目指す新構想大学を作ることはできないと考えていたようだ。

ちなみに、大学教授に対して〝教官〟ではなく（小学校並みに）〝教員〟という名称を適用したのは、この大学が最初である。

筑波大学事務官の、ヒラ教員に対する考え方を示す、典型的な事例を２つ紹介しよう。

年間３５００時間働くヒラノ助教授は、30代の若さにもかかわらず、時折激しい疲労感とともに不整脈に悩まされた。こういうときは、横になって休息を取るのが一番である。横になるには、ソファーが必要である。

どうせ買うなら、寝心地がいいソファー・ベッドのほうがいい。ところが（コワイ）Ｅ事務官さまは、ソファー・ベッドはソファーではなくベッドだから、買ってはいけないと仰る。

国立大学には、〝構内で寝泊りすることを禁じる〟という規則があるので、それに抵触する物品は買えないということだろう。駆け出し助教授には、これを跳ね返す体力もレトリックもなかったので、普通のソファーで我慢した。

ところが東工大に移ってみると、多少の作文を厭わなければ、ソファー・ベッドはもとより、折りたたみベッドも買うことができた。これ以外に、筑波では買えなかったが東工大で買えたものとしては、高級デスクがある。特高事務官は、教〝員〟ごときには、事務〝官〟以上の贅沢は許さない、と考えていたのではなかろうか。

もう一つは、英文論文のタイプ外注事件である。

ヒラノ助教授は、年間30万円也の研究費のすべてをつぎ込んで、ＩＢＭの電動タイプライターを買った。海外の高名な研究者に、手書きの手紙を送るのは見苦しいと思ったからである。

高価な物品を購入するには、事務官に対してなぜそれが必要か、どのような目的に使用するかを説明しなくてはならない。〝英文の手紙と英文論文を作成するため〟と書けば通るだろう――。

申請書は、無事審査をパスして、3ヶ月後に〝メキシコ製〟のタイプライターが届いた。〝メキシコ〟製を不安がるヒラノ助教授に対して、IBMの営業マンは、「アメリカと同じ基準で製造していますので心配ご無用」と言ったが、心配した通り故障続きだった。

手紙程度ならともかく、この機械で数式入りの英文論文を入力するのはしんどい。そこで教育・雑用マシーンは、タイプを外注することにした。ところが特高・E事務官は、ヒラノ助教授の作文を覚えていた。

「先生はこの間、電動タイプライターをお買いになりましたね」

「買いましたよ。それが何か？」

「購入理由書に、英文論文を作成するため、とお書きになりましたよね」

「書きましたが、故障続きでうまく動いてくれないのです」

「それでは今度だけはお認めしましょう。それから、念のために申し上げておきますが、論文書きは先生の〝個人的な〟お仕事なので、厳密にいえば国の研究費を使うことはできないのです」

「研究費を研究に使ってはいけない、と言うんですか?!」

「一般教育担当の先生方の本務は教育であって、研究は個人的活動なんですね」

「まさか！」

大学社会の二級市民である一般教育担当教官は、教育と雑務だけやっていればいいということなのだ（これが事実かどうか、今もってよく分からない）。

外注した論文を、〝個人的趣味〟として専門誌に投稿したヒラノ助教授は、3ヶ月後にレフェリー・レポートを受け取って呻き声をあげた。そこには、より本格的計算実験を行って、その結果を報告せよと記されていたからである。

計算には時間とお金がかかる。そのうえ、改訂した論文のタイプ打ちを外注するには、もう一度あのイヤミなE事務官とやり合わなければならない。かくして、ヒラノ助教授は改訂する意欲をなくし、苦労して書いた2編の論文はおクラ入りになった。

3年後、パデュー大学に出張して、有能な秘書に恵まれた時には、これらの論文は時代遅れになっていた。

4　大岡山教授と六本木秘書

東工大の現地事務官

8年に及ぶ「教育・雑務マシーン」生活を送ったあと、ヒラノ助教授は「日本のMIT（マサチューセッツ工科大学）」と呼ばれる、東京工業大学に移籍した。

5年にわたって、ほとんど見るべき業績を挙げることが出来なかった男が、本物の国際A級大学に教授として招かれたのは、移籍先が文系一般教育組織「人文・社会群」だったからである。

理工系社会で業績と言えば、レフェリー（審査員）制度がある専門誌に掲載された論文に限られる。ところが文系社会では、（専門家を相手に書く）論文だけでなく、（一般読者向けの）著書も評価の対象となる。

また私立文系大学の中には、書評や新聞記事を業績にカウントするところまである。ヒラノ青年が、教授としての資格ありと認定されたのは、7編の学術論文のほかに、理工系社会では業績にならない4冊の著書があったからである。

学術論文を書かない人は、レフェリー付き論文を1編書くためには、新聞記事の数十倍の時間がかかることを知らないのだろう。江藤淳教授にいたっては、掲載料を支払って学術誌に論文を発表する哲学助手に向かって、「金銭的な評価の対象とならないものは、書いても意味がない」と切り捨てた。

掲載料を払って、学術誌上で論文を発表する理工系研究者と、商業雑誌社から原稿料を貰った上に、著書から得られる印税を自らの懐に入れる文系研究者は、文系・理系「2つの文化」の違いを表す象徴的事実である。

東工大に移籍したヒラノ教授は、学生時代にお世話になった、学科事務室の優しいお姉さまが、それぞれ20歳と30歳分歳を取ったような、2人の中・高年女性事務官に可愛がっていただいた。

この2人は、22人の人文・社会群教官（東工大では、まだ教員ではなく教官という呼称が生きていた）の出張手続きや、物品購入手続きなどを請け負っていた。

文系教官は、エンジニア教官とは全く異なる、自由奔放な人種である。無届けで海外出張に出かけて、上を下への大騒ぎを引き起こした国際関係論助教授。講義をやっているはずの時間に、テレビに登場している政治学助教授。予算を大幅に上回る文房具（実際は切手）を購入した哲学助手。研究室に電話しても自宅に電話しても、連絡が取れない経済学教授、などなど。

これに比べると、毎日7時前に出勤して5時過ぎまで研究室に滞在し、規律正しいキャンパス生活を送るヒラノ教授は、2人の事務嬢にとって〝愛しいイキモノ〟だったはずだ。

東工大の現地事務官は、筑波大学の事務官と違って、文部省の進駐軍ではなく、教官集団の代表である部局長（工学部長、理学部長、研究所長など）の方を向いていた。彼らにとって、文部省の意向を代弁する進駐軍は、時として教官と共闘する敵軍だった。

文部省にとって東工大は、なんでも言うことを聞いてくれる〝うい奴〟だった。しかし殿のご無体には、イエスとばかり言っていられないこともある。特に、教官集団の希望を一切無視して事を進める施設部の傲慢事務官は、現地事務官と教官の共通の敵だった。共通の敵を持つ集団の結束は強くなる。

世間では〝遅れず、休まず、働かずの公務員〟と批判されている。しかし彼らは、やるべき時にはきちんと仕事をしていた。高級官僚と違って、必要もない仕事を作り出して権力を拡張しようというインセンティブはない（そんなことをやっても、何の得にもならない）から、仕事がない時には、女子学生やアルバイト職員の品定めで、時間をつぶしているだけの話である。

工学部の文系教官

人文・社会群に所属するスタッフの任務は、週に3コマの低学年向けの講義（1回90分）を担当することと、月1回の学科会議と月1回の工学部教授会に出席することだけで、それ以外の時間は何をやってもいいし、何もやらなくてもいい。

この結果ヒラノ教授は、大学に勤めるようになって9年目にして、はじめてアメリカ・ヒラ教授並みの、雑用のない日々を過ごすことになったのである。

売れっ子の文系教授たちは、有り余る時間を利用して、ジャーナリズムや政府の審議会などに出まくっていた。しかし、スター教授に一般教育だけをやらせておくのは勿体ない。博士号がある人には、大学院教育に参加してもらってはどうか――。

この結果、人文・社会群の教官の約半数は、東工大では最も文系寄りの社会工学科で、大学院教育を担当することになっていた。研究する上で、大学院生の協力が不可欠なヒラノ教授にとって、これはまことに有難い措置だった。

しかし5年にわたって「教育・雑務マシーン」を務めてきた教授は、何を研究すればいいのか分からなくなっていた。

優秀な学生と一流エンジニアに囲まれた、〝何をやればいいのか分からない教授〟。残念ながら、ここには気を紛らわすための雑用もない。かくしてヒラノ教授は、有り余る自由に圧し潰されて2年間を過ごした。

しかし3年目になって、待望の雑用が降って来た。右でも左でもないノンポリ・エンジニアが、右派と左派の論客をまとめる、学科主任という大役を務めることになったのである。

ところが、30年以上の歴史を持つこの学科には、あらゆることに〝慣行〟があったから、学科の主である吉田夏彦教授に相談すれば、大方の問題はたちまち解決した。

一般教育担当教官には、就職その他に関して責任を持つ学部学生はいない。予算の配分は前々から決まっている。ルーチン・ワークは、2人の中・高年事務官が処理してくれるから、学科主任は万一に備えて研究室に坐っているだけでいい。たまに呼び出しがかかっても、用件はすぐに片付いた。

雑務が少ない一般教育担当教授に、秘書は不要である。実際、人文・社会群で秘書を抱えているのは、ヒラノ教授が知る限り、永井陽之助教授と吉田夏彦教授くらいのものである。

それ以外の教授の中で、助手や大学院生がいる人は彼らに雑用を頼んでいた。一方、秘書も助手も大学院生もいない教授は、講義が終わるとキャンパス外に姿を消した。中には、出版社のスタッフが秘書を務めている教授もいた。

主任を退任した翌年の1985年、ヒラノ教授は3年分で800万円という大金を手に入れた。長らく空振り続きだった、文部省の「科学研究費」が当たったのである。年間100

万円程度の校費（大学から支給されるお金）で、すべてをやりくりしてきた男が、その3倍の研究費を使えることになったのである。

考えられる使い道は、年2回の海外出張旅費が60万、年3回の国内出張旅費が30万、書籍代が20万、計算機使用料が20万、各種消耗品が20万、その他いろいろあっても200万円には届かない。しかしこのお金は、年度内にすべて使い切らなくてはならない。お金がない窮乏生活は惨めだが、必要以上にあるのも厄介なものだ。

使い残したお金は、知り合いの業者に預けておいて、翌年使うという手もあったらしい。しかし今ではそれをやると、学長になれない（2011年に行われた学長選挙で当選したO教授は、この〝不正経理事件〟を大新聞にすっぱ抜かれて、辞退に追い込まれている）。

海外出張も国内出張も、しかるべき理由がなければ認められない。つまり、しかるべき研究集会に出て、研究発表をしなくてはならないということである。研究発表をしなくても、研究情報収集という名目で学会に出席することはできるが、このような研究者に対する周囲の目は厳しい。

発表もしないのに研究集会にやってくる人は、ドロップアウトと見られてしまうのである。つまり海外出張するためには、早急に研究成果を出さなくてはならないということだ。

秘書選び問題

お金の使い道に苦慮していたところにやって来たのが、吉田教授からのお誘いである。「寿退職した秘書の後任を採用するに当たって、2人の女性と面接したのだが、どちらも甲乙つけがたいので、その1人を採用してもらえないか」とのことである。

この女性・佐藤香子さんは、名門女子大を出たばかりの22歳。父親は一流会社に勤めるサラリーマンで、母親は専業主婦。自宅は世田谷区深沢の高級住宅地にあって、週末は六本木のブティックに勤めているが、ウィークデーに3日ほど大学で働きたいという。こういう女性の目的は、将来性がある独身助教授・助手・大学院生のハートを射止めることだろう。

科学研究費の出金管理や海外の研究仲間との連絡、講義資料の作成やコピー、試験やレポートの採点集計、出張手続きなどをやってもらって、1日5時間を月12～13回として約6万円。年間70万円程度の経費は、科学研究費を使い残さないためにはちょうどいい数字である。

面接のときの第一印象は、〝気が強い美人のお譲様〟だった。六本木のブティックに勤めているだけあって、着ているものもセンスがいい。しかし気が弱い44歳の教授は、気が強い22歳の秘書に気兼ねして暮らすことになるのではなかろうか。

その上、森口教授がOR入門の授業で取り上げた「秘書選び問題」の教えによれば、1人目の候補はパスするに限るということだ。たとえば候補が10人いるときには、1人目と2人目はパスして3人目以降の候補を待ち、それまでに来た誰よりもいい人を採用するのがベストだという理論である。候補者が3人のときも、1人目は見送った方がいい（次ページ囲み記事参照）。

新聞広告を出せば、3〜4人くらいは応募者があるだろう。したがって、ここはパスした方が賢明である。しかし香子嬢を断って、日ごろお世話になっている大教授との関係にヒビが入ったら困る。結局ヒラノ教授は、理を捨て情にしたがって、この人を採用することにした。

若い美人と、週3日間密室で過ごす上での最大の問題は、どこに坐ってもらうかである。最も無難なのは、森口・近藤教授に倣って、入口近辺に机を置くことである。ところが間もなく、この方式には重大な欠陥があることが判明した。女王蜂がまき散らすフェロモンに惹かれて、何匹もの働き蜂がヒラノ研究室に押しかけて来るのである。

東工大には1学年1０００人、大学院を合わせれば全部で1万人近い学生がいる。その中の95％は男、つまり女1人に対して男20人というオトコ社会である。事務職員の中には、かなりの数の女性がいるが、その大半は既婚者で20代の未婚者は少ない。こんなところに、若い美人秘書がやって来たのである。

噂は噂を呼び、用事もないのに学生達がヒラノ研究室を訪れるようになった。これでは仕

3人の候補をA, B, Cとし、AはBより望ましく、BはCより望ましい候補としよう。候補を面接する順番がランダムだとすると、起こりうるケースは次の6通りである。

(1)　A,　B,　C　　(2)　A,　C,　B　　(3)　B,　A,　C
(4)　B,　C,　A　　(5)　C,　A,　B　　(6)　C,　B,　A

ここで1番目の候補を選ぶと、それぞれ3分の1の確率でA、B、Cが採用される。

一方1番目をパスして、2番目以降で、それまでに面接したどの候補よりもいい人が来たら採用する（1番、2番ともパスした時には、必ず3番目を採用する）というルールを採用すれば

(1) → C,　(2) → B,　(3) → A,　(4) → A,　(5) → A,　(6) → A となり、Aが選ばれる確率が4/6,　B,　Cがそれぞれ1/6となる。また最初の2人をパスすると、A,　B,　Cが選ばれる確率はそれぞれ3分の1となる。

事に支障が出る。そこでヒラノ教授は入り口のそばに衝立を置き、女王蜂の机を部屋の奥に移動することにした。

ではどこに坐ってもらえばいいのか。部屋の奥行きは約8ｍ、幅は3・5ｍである。扉を背にして仕事をしていたスタンフォード大学の電気工学科教授が、背後から忍び寄った学生にハンマーで頭蓋骨を叩き割られた事件があって以来、ヒラノ教授は絶対に扉に背を向けて坐らないように気をつけてきた。

学生の恨みを買わないよう、ヒラノ教授は細心の注意を払ってきた。しかし怨む、怨まないは相手の勝手である。スタンフォードの教授は、学生になかなか博士号を出さなかったために怨まれたのだそうだが、単位を出さなかったために（卒業が遅れて）殺意を抱かれる場合もある。

また、出来の悪い留学生に博士号を出したために、出来のいい博士の恨みを買ってしまうこともある。学生を大事にしているヒラノ教授にとって、学生の恨みを買うほど後味の悪いものはない。

もう一つ言えば、2010年には、元学生に逆恨みされた中央大学工学部教授が、キャンパスの中で刺し殺されている。

ここで、香子嬢の椅子の位置に話をもどそう。いろいろ考えた末のソリューションは、2人とも壁を背にして向かい合って坐るという方式である。但し、互いに正面から顔を見て暮らすのは気づまりなので、机と机の間に回転式の書類棚を置き、これで相手の顔をブロックする。書類のやり取りは、書類棚の下部の隙間を使うのである（お分かりでしょうか？）。

中央に衝立があると、入口から奥を見通すことが出来ないのはいいが、その一方であらぬ疑惑をもたれる恐れがある。実際A学院大学では、重度の糖尿病を患う有力教授が、研究室で女子学生にセクハラを働いたと訴えられ、懲戒処分を受けている。

そこで、まだ糖尿病にかかっていないヒラノ教授は、在室している時には必ずドアを5㎝ほど開けておくことにした。

この「ヒラノ式殺人・冤罪防止システム」は、以後25年にわたって維持されるのであるが、東工大でこの方式を採用しているのは、ヒラノ教授だけだった。

六本木秘書

科学研究費800万円の支給が決まったとき、ヒラノ教授は〝これは大変なことになった〟と慌てた。申請書には、あれもやるこれもやると書きまくったが、どれ一つとして確実に成果を出せる見込みは立っていなかったからである。

ところが運良く、ここに2つの企業から共同研究の依頼が舞い込んだ。1つ目の化学工場の工程管理に関する問題は、依頼企業の優秀な研究員と知恵を絞った結果スルスルと解けた。

2つ目の債券取引きに関わる奇妙な問題は、完璧には解けなかったものの、実務上満足をすべき答えを求めることに成功した。

1985年の夏、2つの研究成果を引っ提げてMITに乗り込んだヒラノ教授は、日本では全く相手にされなかった「債券取引モデル」とその解法が、金融機関に勤めるビジネスマンの高い評価を得たことに驚かされた。

折から金融先進国のアメリカでは、優秀なOR研究者が「金融工学」という新興分野に流れ込んでいた。その中の一人が、MITの隣にあるハーバード大学のビジネススクールで、ファイナンス教授を務めるアンドレ・ペロルドである。

この人はヒラノ教授と同じく、「線形計画法の父」こと、ジョージ・ダンツィク教授のもとで博士号を取った、南アフリカ出身の秀才である。この時代のスタンフォードには、歴史に残る大秀才が集まっていたが、ペロルドくらいの秀才なら、日本にもゾロゾロいる。

〝あの男がやれるなら、俺にもできるかもしれない――〟。この直感は正しかった。87年に金融工学に本格参入したヒラノ教授は、その後1年もしないうちに、「MADモデル」という大きな宝石を掘り当てることに成功した。

一発屋で終わらないためには、次々と宝石を掘り出さなくてはならない。かくしてヒラノ教授は、年に2500時間働く「研究・教育マシーン」に変身した。香子嬢が着任したのは、この直前である。

コマゴマした雑用は、週5時間もあれば済むだろう。一方の研究は、自分の脳味噌を働かせる活動であって、秘書に任すべき仕事は発生しない。では残りの2日間は、何をやってもらえばいいのか。

ヒラノ教授は、週10時間分の仕事を〝発明する〟仕事に取り組んだ。秘書の給与は国民の税金から支払われるのだから、「今日は仕事がないので、ぼんやりしていて下さい」などとは、口が裂けても言えない。

ところがその後間もなく、仕事を発明する仕事はなくなった。1988年の夏に東京で開催される、「国際数理計画法シンポジウム」の準備活動が本格化したためである。「数理計画法の父」ダンツィク教授をはじめ、世界的権威が一堂に会するこのシンポジウムは、ヒラノ教授にとって絶対に成功させなければならないイベントだった。

1000人の研究者が集まるシンポジウムを開催する上では、実に多くの仕事がある。まずは2000万円の寄付金集め。次いで、会場と800人分の宿泊施設の確保。国内外の研究者への広報。大物研究者の招聘計画の立案。関係学界との折衝。パーティなどの行事の企画。月に1回開催される実行委員会の資料・議事録作成、などなど。この中には、秘書に任せた方がいい仕事が沢山含まれていた。

香子嬢は当初、月・水・金の10時過ぎにやってきて、昼休み1時間を挟んで4時まできっちり仕事をやってくれた。

性格はきついが字は上手だった。ワープロという機械は世に出ていたが、まだ１００万円以上していたから手が出せない。したがって、字がきれいな秘書は、格別に有難い存在だった。

ところが夏休みが終わる頃から、香子嬢はしばしば欠勤するようになった。風邪をひいて熱が出た。胃が痛くて動けない。母親が病気になったので家事をやらなくてはならない。滑って転んで、肩の骨にひびが入ったので病院に行く、等々。

ある日、12時まで待っても姿を見せないので、自宅に電話すると母親が出て、

「熱を出して寝ています」と言う。

「どんな病気ですか」

「私の口からは言えません」。〝女性特有のややこしい病気か？〟

「あさっては来て頂けるでしょうか」

「そんなこと分かりません」

月・水・金と連続お休みした時、気の弱い教授は気の弱い母親に、

「仕事がたまっていますので、来週は必ず来て頂きたいとお伝え下さい」とお願いするのが精一杯だった。

しかし、見るからに健康そうな22歳の娘さんが、始終病気になることなんてことはあるだろうか。これはいわゆる、〝登校拒否症候群〟ではなかろうか？

そんなこととは知らない（紹介者の）吉田教授は、自分が選んだ秘書――この人は、神田にある老舗の呉服屋さんの跡取り娘である――が早々と寿退職したため、選択を誤ったとボヤいていた。

出勤しない秘書には辞めてもらった方がいい。しかし、いきなり解雇を通告して不当解雇だと訴えられたら厄介だ。そこでヒラノ教授は、頃合いを見計らって切り出した。

「週に1回しか来てもらえないようですと、仕事に支障が出るんですけどね」

「すみません。これからは、なるべくきちんと来るようにします」

「そうですか。差し支えなければ教えて頂きたいのですが、ここの勤めに、何か具合の悪いことでもあるのでしょうか」

「別にそのようなことはありません」

「問題があったら、何でも言って下さい」

「――――」

「あるのですね」

「図書室でコピーしていると、ずっと私のうしろに立っている人がいるんです」

「学生ですか」

「そうです」

「コピー機が空くのを待っているのではありませんか」

「違います。私がコピーを取り終わると、その人もうしろからついて来るんです」

コピー機は、別棟にある図書室の奥に設置されていた。その奥は書庫になっていて、誰かが潜んでいても分からない構造になっている。男でも常々薄気味悪く思っていたくらいだから、若い女性がどれほど恐い思いをしたか想像がつく。

「それでは、コピーはこれから私がやることにします」

「コピー室だけではないんです。エレベーターの中で、うしろにピッタリ身体を寄せて来る人がいるんです」。そう言えばこの人は、廊下をドスンドスンと音を立てながら走って来ることがあったが、ストーカー学生に追いかけられていたのだ。

「エレベーターに乗る時には、周りを良く見るようにするんですね」。ついでに、「ここは大岡山ですから、六本木風の服装は慎んだ方がいいのではありませんか」と付け加えたいところだが、曲解されると困る。

このあとしばらくの間、香子嬢は週3回のペースで来てくれた。ところが、その後再び休むことが多くなった。暫くして分かったことは、ボーイフレンドの都合を優先させているらしいということである。

東工大一の美人助手と怪獣男爵

〝メビウスの帯〟のような森口教授と違って、裏も表もあるヒューマン・ビーイングのヒラノ教授には、秘書に聞かれたくない電話がかかってくることがあるので、自分で受話器を取ることにしていた。

「もしもし、ヒラノ研究室ですか」

「はいそうですが、どちら様でしょう」

「そちらに、佐藤香子さんはいらっしゃいますか」。名前を名乗らないが、どこかで聞いたことがある野太い声である。受話器を渡すと、香子嬢は、

「ここには電話しないで、と言ったでしょう！」と荒々しく答えて電話を切った。

〝ははーん。彼氏とけんかしたのか〟。その後は、2度とこの男から電話がかかってくることはなかった。ところがある日、テレビを見ていて気がついた。毎週金曜の夜8時からスタートする人気番組に出ている、Kというイニシャルのコメディアンと同じ声なのだ。もしその男が彼氏だとすると、「美女と野獣」の組み合わせである。

その後暫く、香子嬢はきちんと出勤し、きちんと仕事をしてくれた。ところが、2年目の夏を過ぎる頃からまた時折休むようになった。休む時には、その旨電話をかけてよこしたが、シンポジウム実施まで1年を切り、仕事はますます増えていた。その上10月には、今後の3

年を決める重大な書類作りがあった。外でもない、科学研究費の申請書類である。

3年前に申請書を書いたとき、ヒラノ教授は絶対に当たらないだろうと思っていた。5年以上まともな研究成果が出ていないのだから、当たるはずがないのである。ところがどういう風の吹きまわしか、3年間で1200万円の研究費を申請したところ、その3分の2に当たる800万円が支給されることになったのである。

初めのうちは何に使おうかと悩んだ。しかし、このお金があったから意欲が沸いて研究が進んだ。またこのお金を使って、海外の研究集会で業績を誇示するため、せっせと論文を書いた。秘書を雇うことが出来たのも、このお金のおかげである。

科研費がなくなれば、3年前に逆戻りである。そうならないためには、次の3年分のお金を絶対に手に入れなくてはならない。この3年間で5編の論文を書いたから、今度は胸を張って申請書を書くことができる。ところが巷の噂では、字が下手だとポイントが下がるという。ここは香子嬢に、ビューティフルな書類を作ってもらおう――。

ところが締切日が迫っているというのに、3回に1回はお休み、時として週に1回しか来てくれないこともある。秘書の資格は口が固いこと、身持ちがいいこと、頭がいいことと書いたが、そんなことはどうでもよかった。字がきれいで、きちんと出勤してくれることが、最も大事なのだ。

結局ギリギリで書類は出来上がったが、1年半の間に約束通りに来てくれたのは高々3分の1で、3分の1が週2回、そして3分の1が週1回ということでは、辞めてもらった方がいい。「秘書選び問題」の教えは正しかったのだ。

しかし、こちらからそれを言い出す必要はなかった。香子嬢は1988年初めに、件のコメディアンKと婚約したので、3月一杯で辞めたいと申し出たのだ。

この婚約は、スポーツ紙や芸能誌で大きく取り上げられた。週刊誌で「コメディアンのK、東工大美人助手と婚約」という記事を見て、ヒラノ教授はおやおやと思った。〝パートタイム秘書〟ではなく、〝専任助手〟とはビックリである。本人が助手と名乗らない限り、こんな記事が出るはずがない。

〝美人助手とコメディアンのK〟という組み合わせは、〝美女と野獣〟より1ランク上の「美人博士と怪獣男爵」といったところか。

残念ながら美人助手のかつての上司は、結婚披露宴に招いてもらえなかった。招かれていたら、真屋順子さんや松居直美ちゃんと言葉を交わすことができたのに残念なことをしたものだ。

香子嬢には3年にわたって働いて頂いたが、実際には週平均2日、それも1日4時間程度だから、合計で高々2×50×3×4＝1200時間に過ぎない。1日8時間・週5日働く秘書に換算すると、たったの30週間分である。

たまにしか来てくれない、ご機嫌麗しくない秘書と交わす言葉は、事務的なものだけである。だからヒラノ教授は、最後までこの人がどういう人なのか分からなかった。一方、六本木カルチャーがお似合いな香子嬢にとって、大岡山のヒラノ教授はエイリアンだったに違いない。

香子嬢と離縁した後ヒラノ教授は、共同生活が3年も続いたのは奇跡だと思うようになった。一片の共通点も持たない大岡山教授と六本木美人助手は、完全なミスマッチ・コンビだったからである。

香子夫人と再び顔を合わせたのは、かれこれ10年後、大井町線の電車の中だった。やけに暗い表情をしている子供連れの女性は、紛れもなく香子夫人だった。相手は気がつかないようだったので、こちらも気がつかないふりをしたが、その頃すでに結婚生活は破綻していたようだ。

その後、美人博士と怪獣男爵は、ドロドロの離婚騒動で芸能誌を賑わせた。原因は見てくれとは対照的な、〝お人好し〟怪獣男爵の浮気である。気が強い東工大一の美人秘書は、気が弱い怪獣男爵がいかに詫びようとも、許してくれなかった。

なおウィキペディアによれば、8年にわたる調停を経て、2006年に離婚が成立したということだが、気が弱いヒラノ教授は、気が弱い怪獣男爵に心から同情している。

5　2人目の秘書

おいしい話

香子嬢の退職が決まる2ヶ月ほど前に、法学担当で海洋法が専門の奥脇直也教授から電話がかかって来た。この人は高等学校の6年後輩で、文系組織に紛れ込んだエンジニアが、気を許すことができるただ一人の文系人だった。

数理工学の権威である森口教授は、かつて「法学部の先生の話は、数学の先生より分かり易い」と言っていたが、ヒラノ教授もこれに同意する。法学者とエンジニアは、波長が合う生き物なのである。

「奥脇ですが、ご相談したいことがありますので、これからお部屋に伺ってよろしいでしょうか」

「そろそろお昼ですから、どこかで昼飯でもご一緒しましょうか」

「それでは、久しぶりに大和田はどうですか」。大和田は、大岡山地域ではナンバーワンの鰻屋である。

「奥脇先生には騙されましたよ」

忘年会のとき、来年春に誰かが辞めるらしいという噂を耳にしたので、事情通の奥脇教授にサウンドしたところ、

「誰でしょうね。僕は逃げ足が速いヒラノ先生だと思っていましたが、違うんですか」なんてトボケていたのだ。

右派勢力と左派勢力のどちらからも信頼されている奥脇教授は、89年3月に〝よろずトラブル処理担当〟の道家教授が停年退官したあとは、そのポストを引継ぐものとみられていたのに、その期待を裏切った悪い人である。

「騙すつもりはなかったんですよ。あの時は、まだ向こうの教授会を通っていなかったので、公表できなかったんです」

向こうというのは、立教大学の法学部である。東工大の文系一般教育組織から、名門大学法学部への移籍は、大栄転である（なおこの人は、数年後に法学者スゴロクの〝上がりポスト〟と言うべき、東大法学部教授になった）。

「奥脇先生がいなくなったあと、誰にタバコをおねだりすればいいでしょうね」

「Sさんはどうですか」

「ダメダメ。あの人は、あなた以上にケチだから」

禁煙中のヒラノ教授は、会議の際に隣に座った奥脇教授が立て続けにタバコを吸うのに耐えかねて、時折「税金として一本ちょうだい」とおねだりした。するとこの人は、「やめたんじゃなかったの」と言いながら恵んで下さるいい人である。

「相談事とはどんなことでしょう」

「私のところの〝ミセスK〟を、先生のところで預かってもらえませんか」

ミセスKというのは、奥脇教授と経済学担当の売れっ子K'教授の秘書を務めている人で、時折り学科会議の部屋に、ばつが悪そうに、天ぷらソバを運んでくる人である。

大岡山駅前のソバ屋は、12時前に出前を頼んでも、1時過ぎに持ってくることがある。奥脇教授は、伸びきったそばでも気にせずに食べるということだが、心優しいミセスKは、会議室まで運んでくるのである。

「有難いお話ですけど、僕のところには、吉田教授から紹介されたお嬢様がいるんですよ」

「東工大一の美人秘書と言われている人ですね」

「そんなことを言う人もいるようですね。しかし僕は、あのタイプは苦手でしてね。確かに美人なんでしょうが、性格がきついので、恐る恐る仕事を頼んでいるところです」

「ミセスKは、怖い人ではありませんから安心して下さい。成城に住んでいる元社長令嬢で、本来であれば働く必要はなかったんですけど、結婚相手の慶応ボーイが悪い奴でね。いま離婚裁判中なんですが、小学生のお嬢さんが居るので、少し働かなくてはということで、来てくれているんです」

「そうですか。この大学には、成城マダムの秘書が多いと聞きましたけど、その1人ということですか」

「このまま放っぽり出して辞めるわけにもいかないので、誰に頼もうかと考えたんです。消去法でやっていくと、安心して預けられるのは、ヒラノ先生だけなんですよ。もし先生に引き取って頂けないと、人使いが荒い奴らに持っていかれちゃうので、よろしくお願いします」

「なるほどね。でも僕には、秘書を2人雇うほどの仕事もお金もないし、妻妾同衾みたいな生活はどうもねぇ」

「お金のことなら、心配いりません。永井（陽之助）先生が秘書を連れて青山学院に移ったあと、僕が預かったアルバイト・ポストで、大学から週40時間分のお金が出ます。ここでポストごと引き取れば、未来永劫先生の既得権になるのですから、悪い話ではないと思いますけどね」

　おいしい話だが、重婚罪を避けるには、香子嬢と離縁する必要がある。吉田教授が間に立ってくれたわけだから、うまく因果を含めなくてはならない。こう思っていたところに、運良く香子嬢の寿退職の報告がやって来たのである。

こんなにおいしい話は、滅多にあるものではない。かくしてヒラノ教授は、江藤淳教授が言うところの〝ラテン系美人〟成城マダムを、国の費用で雇用することになったのである。結果的に奥脇教授は、その後20年以上にわたる幸運を運んできてくれたのだが、それが分かるのは暫く先のことである。

4つの大仕事

この年ヒラノ教授は、2度目の人文・社会群の主任を務めることになっていた。主任は、12人の教授の持ち廻りがルールだから、次にやるのは10年先だと思っていたところ、当番に当たっていたK'教授が、(給料が東工大教授の3倍と言われている)「日本経済研究センター」の理事長に就任することになったため、毒にも薬にもならないノンポリ・エンジニアが、ピンチヒッターとして再登板することになったのである。

ここで「絶対にノー」と言えば、断ることは出来ただろう。しかし、1年後に停年を控える道家・吉田両教授に、雑用係を押しつけるわけにはいかない。停年直前の教授は、再就職先探しや助手の嫁入り先探しなどに時間を取られる。雑用係を押し付けた結果、助手を残して辞められたら一大事である。

残る候補は文学の江藤淳教授、文化人類学の飯島茂教授、日本語・日本事情の川嶋至教授の3人である。ところが、翌年の当番になっている江藤教授は、即座に拒否権を発動した。飯島教授も、4月から現地調査のため、長期海外出張に出かけるという理由でノー。また江藤教授とは一心同体の川嶋教授に頼むと、若手教官が恐れる江藤教授の独裁が1年前倒しになる。

かくして、〝ひとたび引受けた仕事でも、あっさり断ることができる〟エコノミストに替わって、〝仲間に頼まれたことは断らない〟エンジニアが、この仕事を引き受けることになったのである。

2つ目の仕事は、4ヶ月後に迫った、「国際数理計画法シンポジウム」に関わる雑務である。海外からの参加者との連絡文書のタイプをミセスKに頼んだところ、「英語はダメです」と渋っていた。しかし、（スタンフォードの）早打ちモーリンには及ばないものの、ヒラノ教授にとっては満足すべき水準だった。

3つ目は、この年の4月からスタートしたOR学会の、「投資と金融のOR」研究部会に関わる雑務である。200人以上の参加者に対して、研究会の案内状を発送する作業と、名簿の管理、資料のコピー、エトセトラである（この仕事をやってみて、ヒラノ教授は近藤教授のところの結城秘書の忙しさに気がついた）。

4つ目は、さまざまな事務連絡手紙の発送。1通ごとに伝票を作らなくてはいけないので、毎日10通近く発送するとなると大変である。切手を買っておけばいいのに、と思う人もいるだろうが、切手は有価証券なので、公費で買うことは禁じられている。

その他、講義資料のコピー、出欠データの集計、期末試験の成績集計など、仕事はいくらでもあった。

成城マダム

ミセスKは毎朝、成城地域で2番目に古いと自称するマークⅡでやってきて、朝10時から昼休みの1時間を挟んで、5時過ぎまで仕事をしてくれた。たまに腹痛や風邪で休むことはあっても、翌日には必ず姿を見せ、締切りまでにきちんと仕事を片付けてくれた。

週に3日だけ大学に出てきて、講義以外の時間は本や資料を読みながら、タバコ2箱を空にする法学者と、研究・教育・雑用で週に6日、年3000時間以上働くエンジニアの違いに驚いたことだろう。

ここで、ミセスKについてやや詳しく紹介しておこう。成城に住むこの人は、小学校から大学まで合計16年間成城学園に通った真正・成城ガールで、20年以上にわたって学年幹事を務める人気者である。

父親は、三井物産に入ったあと、軍人として中国大陸に渡り、復員後は再び三井物産に戻って、晩年には三井埠頭という倉庫会社の社長を務めたが、会長在任中に70歳で病死している。一方、母親は病気勝ちながら健在で、今はミセスKが自宅で面倒を見ているという。

ひとたび小学校に入れてもらえば、エスカレーターで大学まで進める成城学園は、スポーツ選手や芸能人の子弟が多いことで知られている。ミセスKの同期には、歌手の森山良子がいたということだ。

受験勉強というものには全く縁がなかったミセスKは、頭の良さを鼻にかける東大生がお嫌いだった。20歳のころのこの人に、嫌いなものを3つあげてもらったら、一は鰻、二は東大生、三は毛沢東の中国と答えただろう。

女子学生の間では、「遊ぶ相手は慶大生、結婚するなら東大生」が合言葉だった時代に、次々とやってくる東大出エリートとのお見合いを断り、慶応ボーイと結婚して、ビンボウ籤を引いてしまった。

一方、世間では奇人・変人・オタクの集まりと見られている東工大については、父親が長兄を入れたがっていたということもあって、幼少時から親近感を持っていた。そんなわけで、結婚して子供が生まれる前の一時期、東工大でアルバイトをやっていたということだ。

雇い主の佐藤拓宋電気工学科教授は、後にピアニストの森みどり氏と結婚した、〝東工大一ダンディな教授〟と呼ばれた人である。長身を三揃いの背広に包み、秘書に紅茶をサービスしてくれる紳士のもとで働いたミセスKは、東工大に一層の親近感を抱いた。

夫と別居したあと、友人の紹介で東工大に勤めることになったのだが、今度の雇い主は、大嫌いな東大法学部出身の教授である。これはいかがかと思ったが、仕事らしいものはほとんどないというので引受けた。

奥脇教授は〝本の虫〟だから、仕事は留守中の電話番、学期末の成績と出欠の集計、事務室への書類届け、昼食の注文、それに時折タバコを買ってくることくらいである。ただ一つ問題は、この人が吐き出す煙で息が詰まることである。

一方困ってしまうのが、K'教授の電話番である。超売れっ子のこの人は、週3コマの講義時間以外には、大学にいたためしがない。外からかかってくる電話は、すべてミセスKが受けることになっていたが、「いま講義中です」もしくは、「いま外出中です」と答えるしかない。

実際、この人と連絡を取るのが難しいことは、世間でも評判になっていた。佐藤栄作総理の主席秘書官を務めた、政治評論家の楠田実氏は、

「K'先生は、大学に電話しても自宅に電話しても連絡がつかないんですよ」とぼやいていた。

これに対してヒラノ教授は、

「あの人は、講義のとき以外は大学に居ませんので、研究室に電話してもダメでしょう。でも、家に掛けても繫がらないという人は珍しいですね」と答えたが、一体この人はどこで寝ていたのだろうか。

ミセスKに舞い込んだ再婚話は、大嫌いな東大の、しかも数理工学が専門のワーカホー

リック教授である。当然はじめは断った。「東工大一の美人秘書がいるところなんて、いやです」。しかし運悪く、美人秘書が辞めた。かくして渋々ながら、ヒラノ研究室に〝入籍〟することになったという次第である。

仕事が多いのはともかく、統計学教授は法学教授と全く違った。

駅前の不二家でアップルパイを買って来たヒラノ教授に、「どのくらい召し上がりますか」と聞いたところ、「120度でお願いします」と言われてビックリ仰天。〝120度というのは、3分の1のことだったかしら？　やっぱり数学をやっている人は、普通の人とは違うのね。それにしても、そんなにたくさん食べていいのかしら〟。

驚いたのは、これだけではなかった。〝朝6時過ぎに大学に出てくるからには、遅くとも4時には起きるんでしょうね。それにダイエット中だからと言って、昼食にパイナップル丸ごと1個食べるなんておかしな人！　そのくせ、自分のことを棚に上げて、東工大には変な人が大勢いるでしょう、ですって！〟

こんなところは勤まりそうもないと思ったが、暫くして状況が変わった。学生時代以来の親友である元成城ガール・現自由が丘マダムが、隣の研究室に週3日ほど勤めることになったのである。

この人は大製薬会社の社長令嬢で、御主人は某有力金融機関に勤める、東大法学部卒のエリートである。子育てが終って時間に余裕ができたので、ミセスKの話を聞いて、「面白そうね。私もやってみたいわ」ということになったらしい。

教授人事

1988年は、ヒラノ教授が大学という職場に勤めるようになって以来、最も忙しい年になるはずだった。学科主任業務、国際シンポジウムの裏方業務、OR学会の「投資と金融のOR」研究部会主査業務に加えて、発行部数80万部（公称）を数える週刊誌上で、「大学教授の株ゲーム」という連載記事を引き受けることになったためである。

前回の経験に照らせば、主任業務は週10時間もあれば十分である。2番目の国際シンポジウムに関わる仕事は、あちこちの大学に勤める26人のエンジニア仲間が協力してくれるので、週15時間くらい見ておけばいいだろう。もう一つのOR学会の研究会は、30人程度の集まりだから、週10時間程度で十分か。

このほか、講義やゼミなどに10時間。これで合計45時間である。ここまでは大学教授としての本務にあたる〝学術活動〟だから、これに関わる雑用は、ミセスKに手伝ってもらうことができる。

一方の週刊誌連載は、一般市民に対する〝啓発〟活動だが、東工大教授諸氏は〝純粋カネ儲け〟活動だと思うだろう。そこで、ポケットマネー（原稿料）で中国人留学生を雇い入れ、計算を手伝ってもらうことにしたが、計算結果の分析と文章作りに、2日はかかるだろう。

以上は、1987年末に予想した数字である。では実際はどうだったのか。

まず学科主任業務としては、前々年と前年に停年退職した3人の教授の後任人事という厄介な仕事があった。このうち経済学ポストは、筑波大学の渡辺利夫助教授（当時）ですんなり決まった。また社会学ポストは、2人の有力候補の間で意見が割れたが、在野の大物・橋爪大三郎氏で決着。

このときは、特定の人物を候補に絞った〝一本釣り〟ではなく、一般公募を行ったため、200ヶ所に及ぶ研究機関への公募書類発送や、150人に達する応募者の書類管理などで、事務官やミセスKは大変な苦労を強いられたようだ。

一方、歴史学の後任人事は、左右勢力が対立したために大もめにもめ、2年以上経つのに全く先が見えない状態だった。

長期海外出張に出かける飯島教授のピンチヒッターとして、委員に選出されたヒラノ教授は、就任早々左派グループの入念なレクチャーを受けた。要は、このポストは左派グループの固有の領土になってきたので、絶対に譲れないということである。

領土問題は厄介だから、中立の立場を貫くのが賢明である。しかし、飯島教授の「あの人たちにポストを持っていかれないよう、頑張ってください」という申し送りがあるから、いざとなれば決断しなくてはならない。

2対2の議論は、延々と続いた。このままでは、何年経っても結論が出ない。こういうときには、多数決で決めるのがエンジニア・カルチャーである。しかし人文・社会群では、いまだかつてそのような〝野蛮な〟方法が採用されたことはないという。

しかし早く決めないと、翌年も歴史学を休講にせざるを得ない。3年連続で休講になると、工学部長に歴史学ポストを吸い上げられてしまうから、学科主任としては、何としても今年度中に決める必要があった。

結局、ヒラノ主任の蛮勇で投票に持ち込まれ、3対2で中道（?）の女性歴史学者で決着した。このあとヒラノ教授は、左翼グループの本格的嫌がらせを受けた。何とか逃げ切ることが出来たのは、筑波での修羅場をくぐりぬけた経験があったからである。

渡辺利夫・橋爪大三郎・山室恭子というスター教授の人事に関わったことは、人文・社会群時代のヒラノ教授の勲章である。

一方、江藤教授の後任人事の際に、〝あのような気障な人と一緒に仕事をするのはごめんです〟と主張する人事委員長に抗しきれず、売出し中のリンボウ先生こと、林望氏の人事を実現できなかったことは、今なお残念なことをしたという気持ちを拭うことができない。

リンボウ先生の父君である林雄二郎氏は、かつて東工大の看板教授だった人だから、お声をかければ受けていただけたのではないだろうか。

リンボウ先生は、東横学園短期大学から東京芸術大学に助教授として転出したあと、数年してやめてしまった。もし芸大よりずっと自由な人文・社会群に来ていれば、江藤教授とは一味も二味も違う東工大の看板教授として、長く学生たちの人気を博しただろう。

　その一方で、リンボウ先生の代わりにやってきた秦恒平教授も素敵な人だった。ヒラノ教授はこの文豪から、文章作成上もっとも難しい、〝句読点の打ち方〟を教えていただく幸運に恵まれた。その教えはたった一言、

「自分のリズムで、打ちたいところに打てばよろしい」だった。その後、長きにわたってミセスKを悩ませることになる〝句読点出し入れ問題〟は、秦教授の教えに従ったせいである。

　もう一つ教えていただきたかったのは、接続詞の使い方である。しかしこれについては、「簡単に教えられるようなものではない」の一言で、〝やっぱりそうなのか〟と納得してしまった。ここでもう一歩踏み込んで教えを請わなかったのは、19年に及ぶ東工大生活における最大の痛恨事である。

うしろ指さされ組

　当初30名程度のメンバーでスタートしたＯＲ学会の研究部会は、５００円を払えば（ＯＲ学会員でなくても）誰でもウェルカムという運営方針が人気を集め、参加者数は急激に膨れ上がった。

業者が開催するセミナーは、半日で2万円が当たり前の時代だから、500円で2万円セミナーと同等以上の話が聞けるこの研究会は、価格破壊として大評判になり、リッチなくせにドケチな金融マンが大挙して馳せ参じた。参加者は月を追うごとに増加し、89年3月には100人、登録メンバーは200人を超える勢いだった。

閑古鳥が鳴くよりはましだが、30ページに及ぶ配布資料を100人分コピーするには、大変な手間とコストがかかる。会合の案内状の作成や名簿の管理なども、200人となると楽ではない。ミセスKは、少なくとも月20時間はこの仕事に関わっていたはずである。

なおミセスKの人件費以外の経費は、OR学会から提供された5万円也と、企業から提供された奨学寄付金をあてた。

一方、87年夏に本格化した国際シンポジウムの準備活動は、88年に入って最終段階を迎えた。仕事の大半は実行委員に分担してもらったが、海外の参加者からの問い合わせに対する回答作業は、ヒラノ教授の任務である。

中でも厄介だったのが、ソ連、ハンガリー、ベトナムなどの共産圏諸国からやってくる、20人余りの研究者に関する、外務省入国管理局との折衝である。

本人からの申請書類が届くたびに、役所から呼び出しがかかる。必要書類を用意して霞ヶ関に足を運び、担当者に縷々説明を行う。ところが、本国への照合などで最低でも3週間、国交がないベトナムの場合は、ビザが出るまでに1ヶ月以上かかる。

審査途中で不明なことがあると、呼び出しがかかる。そのたびにミセスKは、説明書類を抱えて霞ヶ関に走った。

88年8月にシンポジウムが終了するまでの4ヶ月間、ミセスKは毎週4日、週8時間以上この仕事をすることになった。

もう一つの大仕事、「大学教授と株ゲーム」は、はじめのうちは散々だった。まず正月早々、〝立教大学教授と東京工業大学教授の株ゲーム〟という大きな中吊広告が、堅気なエンジニア集団の神経を逆撫でした。

「東工大教授ともあろうものが、株取引のような汚らわしいことを、しかも週刊誌という下品なメディアで連載するとは何たる不見識！」。このような声は、すぐさま学部長の耳に届いた。

この結果、ヒラノ教授はいつも仲良くしている人事係長に呼び出され、「文部省がクレームをつけているので、なるべく早急に中止したほうがよろしいのではありませんか」という忠告（警告）を受けた。

文部省のクレームとは、〝週刊誌での連載は、本務（研究・教育）に支障が出るのではないか〟というものだそうだが、それでは各種メディアに年3000枚分の文章を書きまくっている江藤淳教授はどうなのか。

かねてメディアへの露出をプッシュしている大学指導部が、ヒラノ教授にこのような警告を行ったのは、（文部省ではなく）エンジニア諸氏が、もともと〝株式投資〟に対して悪いイメージを抱いていた上に、バブルが沸騰する中で、大事に育ててきた学生の3人に1人（！）が、金融機関（銀行・保険・生保）に就職することを、苦々しく思っていたからである。

「はっきり言おう。金融機関は東工大の敵である。週刊誌連載だけでも許し難いのに、日本のMIT（マサチューセッツ工科大学）を任じる東工大で、敵に塩を送るための研究会を主宰するとは言語道断！」。これが、モノづくりエンジニアの共通認識だったのである。

かくしてヒラノ教授は、東工大一の札つき教授に、そして札付き教授のもとで働くミセスKも、〝後ろ指さされ組〟になってしまった。

ところがこの頃、エンジニアの総本山であるMITは、「金融工学」すなわちお金に関する工学的研究で、世界のトップを走っていた。〝何でもアメリカを後追いする日本のことだから、いつの日にか東工大教授諸氏も、その必要性を認めてくれるだろう――〟。

8月にシンポジウムが終り、12月に週刊誌連載が終り、翌年3月に学科主任の任期が終わったところで、ヒラノ教授は暇になるはずだった。ところが実際にはそうならなかった。

まずはシンポジウムの後始末が、なまなかなものでなかったことである。特に大変だったのは、「万博協会」なる公的機関から頂戴した、800万円の協賛金に関する会計報告である。予算書に書かれたものと寸分違わぬ決算報告書を作り、それに対応する領収書を揃えなくてはならないのである。

研究者より事務官になっていた方がよかったのではないか、と囁かれていた敏腕エンジニアの超人的な努力で、何とかつじつまを合わせたものの、公的機関から金銭的支援を受けることの面倒くささは特筆に値する。

また、ＯＲ学会研究会のメンバーが鰻のぼりに増え、1年後には300人を超えたため、ますます事務作業が増えた。1回来ただけで、その後顔を出さない人に対しても、3ヶ月くらいは案内状を送らなくてはならない。e-mail という便利なものが出現する前の時代だから、ミセスＫは毎月丸々2日をこの作業にあてていた。

6　吸い上げられた秘書ポスト

降ってきた助手ポスト

1988年当時、人文・社会群には5つの助手のポストがあって、このうちの2つには、50代の高齢助手が坐っていた。お見合いと同じで、40過ぎの助手に声を掛ける大学は少ない。50を超えたらほぼ絶望である。

3つ目のポストは、江藤教授の既得権になっている。残る30代の助手2人も、需要が少ない分野だから、当分転出先は見つかりそうもないというのが、大方の見方だった。ところが突然、30代半ばの考古学助手が、新設された国立研究機関に助教授として転出することが決まった。

永井教授が1985年に退職してから3年の間に、6人の教授が次々と停年で辞めたため、48歳のヒラノ教授は、助手がいない最高齢教授になっていた。その上、文句も言わずに2度目の主任を務めたのだから、この助手ポストは当然のごとくヒラノ教授の既得権になった。

考古学助手の転出は、人文・社会群にとっては天恵だった。なぜならこの人は、長年にわたって教授たちを悩ませてきた学科事務官を、嫁にめとって連れて行ってくれたからである。シガニー・ウィーバーのようなS事務官は、狙っていた獲物に〝4の字固め〟を掛け、目出度く入籍を果たしたあと、年度途中でさっさと退職してしまった。

国から人員削減を求められていた事務局は、チャンス到来とばかり、このポストの吸い上げを画策した。この結果、人文・社会群は、貴重なポストを一つ失うことになってしまった。

しかし、事務職員が1人もいないのでは、学科運営に支障が出る。そこで狙われたのが、ヒラノ教授の既得権になったはずの、ミセスKのアルバイト・ポストである。

〝あてになる秘書〟のフルサポートを得て来た身としては、秘書がいない生活は悪夢としか言いようがない。しかしヒラノ教授は、このピンチを切り抜ける秘策を持っていた。そうでなければ、身体を張ってでも、ポスト吸い上げに抵抗していただろう。

その一方で、考古学助手の転出は、ヒラノ教授に大きな幸運を運んできた。のちに金融工学の世界的権威から、〝次代の数理ファイナンスを担うエース〟と呼ばれることになる、1万人に1人の大天才・白川浩氏が、ヒラノ教授の助手を務めることになったのである。

白川助手の破天荒な人柄や、稀に見る数学的才能については、『すべて僕に任せてください』（新潮社、2009）で詳しく紹介したが、この人は典型的0－1人間で、これはと思った（少数の）人にはトコトン尽くす一方で、これはと思わない人をトコトン無視する過激な人だった。

大学に寝泊まりしている白川助手は、毎朝ヒラノ教授のところにご用聞きにやってくる。そして、ドアを通して部屋の外まで聞こえる大声で、途方もない言語感覚が生み出す奇想天外な言葉を連発して、ミセスKを驚かせた。

曰く「ヒラノ先生は神様です」、曰く「江藤先生は悪魔です」、曰く「猪木教授の数学力は、幼稚園児以下です」、曰く「△×学科はもうじき潰れます」などなど。

母親に冷遇された白川少年は、ミセスKを母親のように、そしてヒラノ教授を父親のように慕ってくれた。ミセスKにとっては迷惑だったかもしれない。しかし、止めて止まるような男ではないので、黙認するしかなかった。

朝も昼もマクドナルドのハンバーガー&コカコーラ、という生活を送っていることを心配して、ミセスKは、時折り茄子の煮びたしや、ほうれん草の胡麻和えなどを差し入れていた。

自分を〝神のように崇める〟助手のプレッシャーを受けたヒラノ教授は、研究に全力投入した。論文を書き続けなければ、あっという間に、神様から幼稚園児に格下げされてしまうからである。この0-1男には、バケモノ（神様）とタダの人しかいないのである。

その一方でこの人は、やってほしいと頼んだことは頼んだ以上に、頼まれないことまでやってくれる、うれしい助手だった。

なおヒラノ教授は、東工大在任中に4人の助手と付き合ったが、2人目のベトナム人は、〝何を頼んでもやってくれないばかりか、教授に事務作業の代行を依頼する助手〟。3人目のS氏は、〝頼んだことを、過不足なく機械的にやってくれる助手〟。

そして4人目のU氏は、〝やってくれるのかどうかはっきりしないが、いつか必ずやってくれる助手〟だった。

助手は3年から4年で、講師または准教授に昇進するのが望ましい。4人ともこの基準をクリアして、教授に昇進してほどなく病死した白川浩氏以外は、現在一流大学の（准）教授として活躍している。

嘘がつけない2-I秘書

ミセスKは口が堅く、正義感が強く、性格が明るく、差し出がましくなく、健康で頭が良く、しかも美人だった。〝禍福の転じて相生ずる、その変見難きなり〟という言葉のとおり、3年にわたるディフィカルトな秘書との生活に耐えたヒラノ教授に、奥脇教授は最高のご褒美を運んできてくれたのだ。

口が固いことは、隣の部屋に週3日やってくる仲良しの自由が丘マダムに、ヒラノ教授のおかしな言動――アップルパイ120度事件や、パイナップル丸ごと一個ランチ問題など

——が伝わっていないことが証明していた。

父親に似て正義感が強いミセスKは嘘がつけない人だった。例えば、誰それから電話がかかって来たときには、会議中だとか外出中だとか適当に答えて下さいと頼んでも、これがだめなのである。

そこで怪しい電話がかかってくると、ヒラノ教授は部屋の外に飛び出し廊下を行ったり来たりした。

では怪しい電話とは何か。1は原稿取り立てが厳しい、〝悪魔のような〟編集者。2は株式投資で儲けたお金で、真昼間から寿司屋で飲んだくれ、ヒラノ教授を誘いだそうとするD元教授、3は永井教授の捨て子にして、奥脇教授の軒下を借りるアブナイ高齢学生……。長年大学に勤めていると、怪しい電話はそれと分かるようになるものである。

正義感の強い女性が、お金にルーズな嘘つき男と結婚してうまく行くわけがない。次々と借金を重ね、家庭を顧みない夫に愛想を尽かして、離婚を申し入れた妻に対して、娘の親権を楯に夫はこれを拒否した。

6年に及ぶ離婚訴訟の結末は、〝夫が娘の親権を放棄する代償として、妻は慰謝料も養育費も請求しない。また父が買い与えたマンションやゴルフ会員権などは、夫の所有とする〟という一方的なものだった。

裁判が始まる前に病を得た父親は、1年もせずに鬼籍に入り、ミセスKを支援してくれる人は誰も居なくなった。母親はと言えば、かねて「娘など、あの男にくれてやればよかった」という言葉を口にする非情な人である。また、父親の愛情を独占した妹に嫉妬していた長兄は、父親がいなくなった途端に意趣返しを目論んだ。

このような逆境の中でも、ミセスKは明るく振る舞っていた。本人は、学生時代にあまり勉強しなかったので頭がカラッポだと卑下していたが、頭の良さと勉強したかしないかは無関係である。

いまどきの言葉で言えば、ミセスKは〝地頭〟がいい人だった。また決断の速さと記憶力の良さも格別だった。

記憶力がいい女性に、うっかり妙なことを言うと、あとあとまで祟る。ヒラノ教授ははじめの数ヶ月間、「東工大一の美人助手」に対するのと同程度の警戒心をもって、ミセスKと付き合っていた。

しかしこの人が、些細なことでヘソを曲げるようなことはないということが分かって以来、徐々に警戒レベルを下げ、1年経った頃には、妻に対するのと同程度にまで下がっていた。絶対的水準は違うが、ヒラノ教授は、夫人に対するのと同じ程度の緊張感を持って秘書と付き合っていた森口教授の境地に達したのである。

ところが、〝吉凶はあざなえる縄ごとし〟のたとえどおり、S事務官の突然の退職によって、ミセスKのポストが消失してしまった。

大学からお金が出ないのであれば、文部省から貰っている科学研究費から出せばいい。ところがお金は沢山あるのに、支払える給与は1週あたり20時間分まで、という規定がある。大学コミュニティーでは、俗に〝2－1（にーいちと読みます）〟と呼ばれている制度で、2ヶ月働いたら1ヶ月休むという雇用形態のことを言う。

しかし4月と5月は来てくれるが、6月はお休みということになると、4月と5月を休んで6月に来てくれる〝1－2秘書〟を雇わなくてはならない。こんなみょうちきりんな契約に応じる人はいない。そこで実際には、2ヶ月分の勤務時間を3ヶ月に引き伸ばして働いてもらうのである。

このようなややこしい制度が導入されたのは、長期にわたって1日8時間・週5日働くアルバイト職員（こういう人は常傭員と呼ばれていた）が要求すれば、常勤職員（つまり公務員）として雇用しなくてはならない、という法律ができたためである。

常傭員問題は、多くのアルバイト職員を雇用せざる得ない国立大学にとって、頭の痛い大問題だった。これを解決するために、東工大の事務局が〝発明〟したのが、〝2－1制度〟である。そしてこの大発明は、同じ問題を抱える全国の国立大学に、津波のごとく普及した。

週40時間の常勤ポストと、2－1のアルバイト・ポストの間には、待遇面で天と地の開きがあった。常勤アルバイト職員には、公務員に準じた給与が支払われるだけでなく、退職金も年金も出る。また、組合健康保険に加入できるし、有給休暇もある。

一方、2－1のアルバイト職員は、マクドナルドの学生アルバイト程度の時間給だから、限度一杯働いても、給与は常勤職員の半分にしかならない。年に200万円支払っても、ビクともしないほどの研究費を持っているにも拘らず、支払うことができるのは、年100万円までなのである。

つまりミセスKの給与は、それまでの6割程度になってしまうということだ。これではひど過ぎるので、何がしかのものを補塡しなくてはならないと思っていた矢先に、願ってもない話が飛び込んできた。

金融工学の普及に励んでいるエンジニアに注目した金融コンサルタントが、金融機関を口説いて、ヒラノ教授が主宰する「理財工学研究会」の活動を支援するための資金を引き出してくれたのである。この結果、ヒラノ教授は自分の懐を痛めることなく、ミセスKに追加報酬を支払うことができるようになった。

88年にスタートした、金融工学ベンチャーの収益はマイナス続きだった。ところが、ここにきて、一挙に大きなプラスをもたらしてくれたというわけである。

折角手に入れた金蔓は、絶対に手放すわけにはいかない。そのためには、これまで以上に多くの研究成果を出す必要がある。

科学研究費と民間研究資金を手に入れるため、ヒラノ教授は白川助手の協力のもとで、エンジン全開で研究に取り組んだ。この結果東工大グループは、わが国における金融工学の旗手として、国内だけでなく国際的にも大きな注目を集めることになった。

1990年4月に、9人のメンバーで発足した「理財工学研究会」は、バブル崩壊後は金融機関の経営が悪化したため、援助資金を半分に減らされてしまった。しかしこの研究会は、ヒラノ教授が東工大を停年退職するまで11年間にわたって継続し、数々の研究成果を生み出すとともに、ミスK（ミセスKのお嬢様）の養育費の一部をカバーしてくれたのである。

OR学会の「投資と金融のOR」研究部会は、規定により3年で主査が交代することになっていたので、91年以降仕事は大幅に減るはずだった。

ところが主査を退任してほどなく、応用数理学会に「数理ファイナンス研究会」が設立され、ヒラノ教授がこの研究会の主査を務めることになったため、ミセスKの仕事量は全く減らなかった。

勤勉コンビ

1988年4月から1994年3月までの6年間にわたって、ヒラノ教授が長期海外出張で留守にしたとき以外、ミセスKはただの1日といえども無為に時間を過ごして、国や企業から頂戴した研究費を空費するようなことはなかった。

これを可能にするためヒラノ教授は、ミセスKに短期・中期・長期に分けて、3種類の仕事を依頼した。短期とは、日々ランダムに飛び込んでくる、締切りまでの時間が短い仕事、たとえば各種の事務連絡に関する簡単な書類作りである。

中期とは、期限が1週間以上先で、1日以上の作業が必要になる仕事、たとえば授業の出欠記録や試験の採点結果の集計、科学研究費の申請書・報告書の作成などである。

一方長期の仕事とは、締め切りが1ヶ月以上先の依頼原稿の入力と修正など、1週間以上の時間が必要となる仕事である。短期的仕事が終わった時に、中期的な仕事をやってもらい、短期も中期もなくなったときに、長期的仕事をやってもらうという仕組みである。

金融工学にスポットライトが当たる中、ヒラノ教授には各種学会誌や様々な雑誌社・出版社から執筆依頼が舞い込んだ。当時の記録を見ると、89年から94年までの5年間に、32編の学術論文、4冊の教科書と1冊の新書、そして15編の雑誌原稿を執筆している。

400字詰原稿用紙1500枚に及ぶ文章のパソコン入力は、ミセスKの長期的仕事の主要部分を占めていた（当時のヒラノ教授は、シャープペンで原稿を書いていた）。

文章の細部にこだわるヒラノ教授は、何度も文章の修正を依頼した。ミセスKは、本質的な修正は嫌がらずにやってくれた。ところが、一度削除した句読点を再度追加したあと、もう一度削除するような時には、

「ダメです。これで3回目じゃないですか」とクレームをつけた。そこで、

「2度目のはずです」と反論すると、

「絶対に3度目です！」

「そんなに細かいこと、よく覚えていますね」

ここで「証拠を見せて下さい」と言えば、（すでに上書きされているので）ヒラノ教授の勝ちだが、そんなことを言って問題をこじれさせるより、素直に詫びる方が得だ。

「済みません。あなたがそう仰るならそうなのでしょうが、何とかそこのところは、秦先生に免じてプリーズ」。ヒラノ教授が、句読点を出したり入れたりするのは、文豪・秦教授の〝句読点は気分次第で打つ〟の教えに従ったためである。

「プリーズと言えばいいと思ってるんだから」と言いながら、ミセスKは修正に応じてくれた。良く働いてくれる秘書には、何らかのお礼をしなくてはならないと考えたヒラノ教授は、2年目が終る頃、「そのうちどこかで御馳走しますね」と申し出た。断られたら大人しく引き下がるつもりだったが、うれしいことにミセスKはノーと言わなかった。

エンジニアたるものは、一度口にしたことには責任を持たなくてはならない。では、どのようなお店にお連れすればいいのか。相手は、子供の頃から父親に連れられて、銀座、新橋あたりの一流どころに出入りしてきた社長令嬢である。

可愛らしいお嬢様を連れて、銀座のクラブを訪れるカッコイイ社長は、美人ホステスにモテモテだったそうだが、娘は高潔な父親が気難しい妻を裏切ることは一度たりともなかった、と信じているようだった。

ヒラノ研究室では白川助手のアレンジで、年に数回コンパを開いていた。開催場所は、大学近辺の焼鳥屋か居酒屋と決まっていた。肉類、中でも鶏肉が大嫌いで、ビールが嫌いなミセスKは、なかなか腰を上げてくれなかった。

大岡山では最も高級とされる中華レストランで開いたときに、口説き落として来てもらったものの、20歳以上年下のオタク学生の、

「こんなところに来て、何が面白いんですか?」という無神経発言にショックを受けたミセスKは、その後猥雑コンパに出てくれなかった。

肉とビールがダメなら、魚とワインのフランス料理か、お刺身と日本酒の和食だ。迷った挙句の結論は、かつてミセスKが贔屓にしていたという緑ヶ丘の寿司店だった。

リーズナブルな会計に安心したヒラノ教授は、これ以後年に何回かミセスKとともにこの店を訪れ、個人的な会話を交わすことになった。

留学時代の勉強マシーン生活と、筑波での教育・雑務マシーン生活。肉感アメリカ女子学生の〝膝乗り単位取得作戦〟。美人助手と怪獣男爵のミスマッチ物語。川上助手を仕留めた、シガニー・ウィーバー事務官のターミネーター作戦。白川助手の奇想天外なモーレツ生活。江藤教授の料亭会食費21万円請求事件。図書室に住む鬱病事務官の怪奇ストーリー。謹厳無比な老教授の、留学生に対するセクハラ事件。そしてその合い間に、妻の難病問題など。

こんな話を聞いて気を許して下さったせいか、ミセスKも自分の身の上について話してく

れるようになった。

脚が長く高潔な父親。息子に甘く娘に厳しい母親。父親とは対照的に強欲な長兄。家族から距離を置く次兄。長兄に輪をかけて欲が深い弟夫婦。そして、祖父以外の親戚に厳しい眼を向ける娘。

人格高潔な父親が築いた家庭は、完全に崩壊していた。

7　機々械々な人たち

鉄の軍団

1994年4月、ヒラノ教授は12年間お世話になった人文・社会群から、経営システム工学科に移籍した。一般教育組織から専門教育組織への移籍は、エンジニア・コミュニティーでは〝大栄転〟である。

人文・社会群は、〝何もやらなくてもいいし、何をやってもいい〟オアシスだった。ところがこの学科は、〝あれもやれ、これもやれ、それもやれ〟という、会社のような組織である。〝あれ・これ・それ〟とは、〝研究・教育・雑務〟の3点セットのことである。

人文・社会群時代、この比率は60：20：20程度だったが、新しい組織に移ってからは、50：25：25になった。

教育と雑務がそれぞれ5％増えた分だけ、研究が10％減ったのかと言えば、そうではない。

働く時間が、3000時間から3600時間に増えたので、研究時間は1800時間のままで、教育が600時間から900時間に、雑務が600時間から900時間に増えたのである。

政府が、「年間1800時間労働」をキャンペーンする中、その2倍に及ぶハードワークである。これはヒラノ教授だけではない。MITに負けじ、と頑張っている50代前半の東工大教授の多くは、年3500時間くらい働いていた。

教育時間が増えたのは、それまでは学部学生が0、大学院生が2～3人だったのに対して、学部学生が4人、大学院生が6～7人に増えたためである。しかし教育時間が増えたことは、苦にならなかった。工学部教授は、優秀な学生と過ごすことによって、新たなエネルギーを獲得する生き物だからである。

一方、5割増しの雑務は気が重かったが、筑波時代の〝雑務地獄〟に比べれば、この程度はどうということはなかった（艱難汝を玉にす）。

経営システム工学科は、東工大の保守本流を自認する機械工学グループに所属し、90％以上を東工大出身者で固めた4つの学科に囲まれていた。東工大モーレツ・エンジニア集団の中で、最も烈しく闘っているのが、MITを目指して隊列を組む機械集団である。

4学科は互いに主導権を握るべく、熾烈な戦いを繰り返していた。経営システム工学科に移籍する直前に行われた工学部長選挙で、機械系から2人の教授が立候補して、結束の固い電気集団に惨敗した時、化学集団は、「機械の奴らは、奇々怪々だ」と揶揄した。

長幼の序を重んじ、義理堅く、ゴリゴリ働く〝機々械々〟集団に取巻かれた経営システム工学科のメンバーは、14人中11人が東工大出身で、3人の外様のうち2人は、ヒラノ教授と同じ東大応用物理学科の出身である。

ここに第3の男が加わることを知ったとき、奇々怪々グループは、〝おいおい、またかよ〟と思っただろう。

ヒラノ教授より5つ年長のT教授は、工学部で最も高等な数学を操る天才で、この人が生み出した「一般システム理論」を理解できるのは、（日本国内では）数人しかいないと言われていた。

またヒラノ教授の1年後輩にあたるN助教授は、大問題に取り組んで、10年以上沈黙を守る〝ブラックホール人間〟である。

さらに、「フェルマーの定理」が証明されたあと、数学上最大の難問と呼ばれる「P=NP問題」に取り組む大天才にして、東工大一の奇人・システム科学科のT助手（元経営システム工学科助手）も、東大応物の出身である。

そこに加わった第3の男・ヒラノ教授は、理工系大学の敵・金融ビジネスに塩を送るエイリアンである。

東工大に赴任して間もない頃、挨拶に訪れたヒラノ教授に対してT教授は、「応物出身者には変な奴が多くて困ったものだ」と言っていた。確かにこの人は、ほかの2人に比べれば普通の人だった。

コマッタ助手

移籍した当時、この学科では2人の教育系事務官と、2人の2－1アルバイト秘書が、4人の教授と5人の助教授の面倒を見ていた。ヒラノ教授が学生だった30年前に比べると、サポート・スタッフの数は、教官1人当たり半分になってしまった。

3人の女性事務官と1人のアルバイト職員は、この学科の主にして、奇々怪々集団の信頼を集めるE教授の号令の下、教官並みに忙しい毎日を過ごしていた。

教官と違って事務官の場合は、夕方5時以降勤務させると、超過勤務手当を出さなくてはならない。大学当局は、お金が無いので、教室系事務官の超過勤務を禁止している。定時に来て定時に帰ることができるいい職場だが、その一方、昼の間はモーレツ助教授並みの忙しさである。

今でも手一杯なのに、もう1人の教授の面倒をみるのは難しい。こう考えた学科主任は、新任教官のために、学科の経費で2－1秘書を雇用することを決めた。

教授と抱き合わせで移籍を求められたミセスKは、オアシスからラグビー部に移ることを躊躇した。しかし、これまでと同じようにやればいいということなので、やむを得ないと判断したようだ。

事務官の中の最年長者であるMさんは、長く常傭職員として過ごしたあと、2－1制度が導入される直前に、正規職員（公務員）に採用された運のいい人である。

ヒラノ教授はミセスKに、

「助手や学生の間で恐れられているという噂もありますが、私はいい人だと思っています」と伝えたが、万が一を慮って「自由が丘・モンブラン」のケーキ・セットをお届けした。

この効果があったかどうかはともかく、Mさんは、「成城・アルプス」のケーキを手土産に挨拶に訪れたミセスKに、フレンドリーに対応してくれたということだ。

問題があるとすれば、白川助手が筑波大学に転出したあとにやって来た、ベトナム人のタック助手が、研究以外は何もやってくれないことである。

日本語が出来ないのだから、雑用を頼んでもダメなことは分かっていた。しかし、短期滞在の客員研究員ならともかく、正規の国家公務員として雇われているにも拘わらず、英・独・露語を自在に操る男が、1年経っても日本語を50語しか覚えないのはなぜなのか。

本人に問いただすと、ベトナムは長い間中国にいじめられ続けてきたせいで、中国原産の漢字が頭に入らないと言う。分かるような分からない話だが、それなら平仮名くらいは覚えたらどうかと言うと、平仮名だけでは公文書は読めないと仰る（これはそのとおりだ）。

学科事務官は、いつまでたっても日本語を話そうとしない頑固助手を持て余していた。「何を言っているのか分かりませんので、何とかして下さい」という電話がかかってくるたびに、ヒラノ教授はやれやれと思いながら、事務室に足を運んだ。

英語しか通じない助手の雑用（たとえば年末調整の書類づくり）を、ミセスKに頼むわけにはいかない。かくしてヒラノ教授は、ベトナム人助手の雑用係を務めることになってしまった。

やらなくてもいいと言っても、何でもやってくれる白川助手と、何を頼んで全く何もしないタック助手。ミセスKは、両極端に位置する2人の助手とうまく付き合っている両棲類教授に、驚きを隠さなかった。

オアシス暮らしの間は、何とかごまかし続けたタック助手は、鉄の軍団に移ってからは、さすがに居辛くなったためか、大学院重点化による機構改革を機に、古巣であるハノイ数学研究所に戻り、日本から持ち帰ったお金で、リッチな生活をエンジョイしていた。

戻ってきた大天才

世界的権威から、〝数理ファイナンスの将来を担う逸材〟と激賞された白川助手は、その期待に違わぬ業績を挙げ、筑波に移籍して3年後の1995年に、かつての指導教官である古川教授の講座に、助教授として凱旋した。

ヒラノ教授にとっては、願ってもない人事だった。しかし大学社会では、Aチームの監督とBチームのキャンプテンとの付き合いは、（たとえかつての上司といえども）一定の限度を守る必要がある。そんなわけで、個人的な付き合いは最小限にとどめてきたが、筑波大学で過ごした3年の間に、この人が別人になっていることに気がつくまでに、時間はかからなかった。

「投資と金融のOR」研究会の幹事を務めていたころ、この人は（森口教授のように）〝役に立つこと〟に命を懸けるエンジニアだった。ところが筑波大学に移ってから、「数理ファイナンス研究会」の幹事として、数学者集団の中で過ごしているうちに、（近藤教授のように）〝役に立つことより、理論の美しさを追い求める数学者〟になってしまった。0－1人間は、実務的研究には関心を示さなくなっていたのである。

白川助教授が担当する「経営財務」の講義は、企業における財務や会計の基礎を教えるのが目的である。ところが、そのような（つまらない）テーマは2～3回で終わらせて、大半の時間は数理ファイナンス（デリバティブ理論）にあてられた。

いかに東工大生が数学に強くても、「伊藤の確率積分理論」を駆使した、ブラック＝ショールズ＝マートンのデリバティブ理論は難し過ぎた。学生から漏れ伝わってきたところによれば、白川助教授の講義は、教養課程を終えたばかりの学生を酸欠にした、近藤教授の講義とそっくりだった。

使われる数学のレベルが高いのもさることながら、「今日は、昨晩証明したばかりの定理について説明する」、「あれは全部間違っていた」、「やはり元のままで良かった」というアレが繰り返されるのである。自分が現在研究している最先端のテーマを取り上げると、このようなことが起こるのだ。

単位にありついたのは40人中5人だけ、というすさまじい結果を耳にした学科の小姑たちは、不快感をあらわにした。上司である古川教授の注意にもかかわらず、撃墜王スタイルを変えようとしない白川助教授の評判は、がた落ちになった。

一方、学生時代に近藤教授の講義を履修した経験があるヒラノ教授は、そのような講義が1つくらいあってもいいと思っていた。しかし、暴走原子炉にブレーキをかけないヒラノ教授の評判も悪くなった。ところがこの頃のヒラノ教授には、原子炉を制御するだけの力はなかったのである。

かつて、神様のように崇めてくれた白川助教授は、別の神様、すなわち数学界のクラウン・プリンスの信者になっていた。0-1人間にとって、神様は1人いれば十分である。

最年少助教授には、筑波大時代のヒラノ助教授を上廻る雑用が降って来た。最大の雑用は、学科主任の補佐業務である。

この学科には学部生120人、大学院生70人、研究生10人の合計200人の学生がいるから、主任業務は（学生がいない）人文・社会群主任のざっと5倍である。人がいい白川助教授は、少なくともその半分を請け負っていた。学内の各種委員会、学外の各種研究会。そして学生相手の地獄ゼミ。しかもこの人は、東大神様教授の私設助手まで兼ねていた。

手の平に書いたスケジュールを見ながら、あちこちを走り回る助教授を見兼ねたヒラノ教授は、科研費の一部を提供するので、秘書を雇ったらどうかと勧めた。

ミセスKの紹介で採用されたN女史は、それまで秘書を務めていたH教授とはウマが合わなかったようだが、やる気マンマンの白川助教授とぴったり同期した。

1日6時間、週4日の契約を上廻るペースで働く、2－1秘書の熱意と有能さに感動した0－1人間は、同じ年齢の秘書を女神のように崇めた。

「Nさんのように優秀な秘書はいない。僕は絶対に、この人と娘さんを守らなくてはならない――」。〝Nさんが優秀なことは分かるが、エリート・ビジネスマンを夫に持つこの人の娘を守るとはどういうことか？〟。

N女史という女神に奉仕する白川助教授にとって、かつて母のように遇したミセスKはただの人になった。

また数学者に神様の座を譲ったヒラノ教授は、白川助教授の研究・教育スタイルや、原稿の締め切りを守らない数学者カルチャーに苦言を呈したおかげで、ウザッタイ親父になった。

神様からウザッタイ親父に転落しても、ヒラノ教授はさほど落胆しなかった。エンジニア根性丸出しで、原稿の締め切りを守れだとか、論文を量産せよだとか、書いた論文は（たとえ二流ジャーナルでもいいから）必ず掲載にこぎつけろなど、〝数学者〟の神経を逆なでする言葉を連発したのだから、嫌われても仕方がないと思ったからである。

一方、親父と抱き合わせで、タダの人に格下げされたミセスKは、ただ驚くばかりだった。

「あんなに先生を尊敬していたのに、どうしちゃったのかしら」

「新しい神様が出現したんですよ。あの人は0－1人間だから、神様は1人で十分なんでしょう」

「先生も浩君、浩君と呼んで可愛がっていらしたのにねえ」

「上司面して、いろいろうるさいことを言いましたから、嫌われても仕方がないのです。私の前に神様役を務めた人も、いまではダメな人にされてしまったくらいですから、タダの人で済めばよしとしなくてはいけないでしょう」

ところが、世の中とは不思議なものである。一度は疎遠になった父子が、再び一つの目標を目指して協力する日が巡ってくるのである。

8　看板教授と進駐軍事務官

研究科長

国立大学の浮沈をかけた「大学院重点化」騒動の中で、理工系オンリーだった東工大に、文・理乗り入れの新組織「社会理工学研究科（Graduate School of Decision Science and Technology）」が設立されたのは、１９９６年6月である。

〝新〟組織とはいうものの、文部省は新規定員をつけてくれなかったので、出来上がったのは、工学部の中で最も文系寄りの「経営システム工学科」と「社会工学科」に、文系の一般教育グループ「人文・社会群」、「教育群」、「保健・体育群」を混ぜ合わせただけの、混成部隊である。

この組織が設立されるまでの紆余曲折については、『工学部ヒラノ教授』（新潮社、２０１１）で詳しく紹介したが、〝文・理融合で、東工大の新しい地平を目指す〟という謳い文句が、ただの作文であることを知りながら、文部省は新組織の設立をすんなり認めてくれた。

1950年代末に、イギリスの物理学者C・P・スノーが、「二つの文化」と呼んだとおり、文系研究者と理系研究者の間には、埋めがたい溝が横たわっている。物理学者はシェイクスピアを知らないし、人文学者は熱力学の第2法則すら知らないというのである。

半世紀後の今、両者の乖離は縮まるどころか広がる一方である。このような状況の下では、〝文・理融合〟は、言うは易く行うは難い〝お題目〟に終わることが多いのである。

さて研究科としての最初の仕事は、「研究科長」選挙である。研究科長は、100人余りの教官の調整役、昔の言葉で言えば「学部長」である。候補として挙げられたのは、社会工学科の大物・猪木教授と、経営システム工学科のヒラノ教授の2人である。

ヒラノ教授は猪木教授有利とみていたが、選出されたのは、フッーの人の方だった。この結果ヒラノ教授は、進駐軍事務官や現地事務官と、親しくお付き合いすることになったのである。

平時に進駐軍事務官と顔を合わせるのは、月例の「部局長会議」と「評議員会」だけである。部局長会議では、学長および、教官サイドを代表する教務部長および6研究科長と、事務組織の長である事務局長以下、総務部、経理部・研究協力部・施設部などの部長が顔をそろえる。

筑波大学の事務官は、(自治権を剥奪された)〝教員〟を、管理の対象と見なしていた。とところが東工大の事務官は、（自治権がある）〝教官〟を見下すようなことはなかった。

事務局長と（施設部長を除く）部長諸氏は、なかなか見識がある人とお見受けした。新設大学と違って、長い伝統を持つ名門大学には、それにふさわしい人材が送り込まれていたのだろう。

学長である木村孟氏は、国立大学協会のスポークスマンを務める、文部省の知恵袋的存在だから、文部省も事務官も、この人には一目置いていた。学長が一目置かれる存在なら、部局長もそれに準じた扱いを受ける。

ただし、大学という組織は、文部省の中では出先の一機関に過ぎないから、本省サイドから見れば、学長といえども課長並みの位置づけである。したがって研究科長は、課長補佐、ヒラ教授は係長程度の扱いである。

ヒラノ教授は、若いころに何回か、国の審議会メンバーを務めたことがある。しかし、ここでお付き合いした通産省や郵政省の役人とは、全くウマが合わなかった。今なら誰でも知っていることであるが、国の審議会は、役人が決めた方針を追認するための場所であって、ヒラ委員が何か言ったところで、彼らの意向に沿わない意見は取り上げてもらえない。

このような会合に出て、役人の覚えめでたい教授になったとしても、大きな研究資金を必要としない理論系のヒラノ教授には、あまりメリットが無いばかりか、マイナスの方が多い。

筑波大学や審議会での経験から、進駐軍とはあまりお付き合いしたくないと思っていたヒラノ教授は、何回か会議に出ているうちに認識を改めた。特に、木村学長の信任が厚い、事務局ナンバーツーのS経理部長は、とても魅力的な人物だった（この本のまえがきで紹介したブログの筆者は、この人かもしれない）。

大学における公式の最高意思決定機関は、部局長会議メンバーに、各研究科や研究所を代表する十数人の評議員が加わった「評議員会」である。しかし実質的な意思決定は、「部局長会議」で行われる。

ところが部局長の発言や行動は、事務官を通じて進駐軍本部（文部省）に伝わるから、新米部局長は、たとえ事務官の発言に異議があっても、軽々にそれを口に出すことは憚られる。ここのあたりのことが分かっている学長は、部局長会議とは別に「部局長懇談会」を開催し、部局長の本音を聞き出した。彼らの意見は、学長のフィルターを通して、事務局に伝えられるのである。

土木工学が専門の木村学長は、会社勤めしていた時代に、土木作業員と付き合う機会があった。また、教務部長・工学部長を務めた4年の間に様々な懸案を解決し、教官だけでなく事務スタッフの信頼を手に入れた。気が長く腰が低いこの人は、彼らの支持のもとに難局に立ち向かい、21世紀の東工大の基礎を築いた名学長である。

社会理工学研究科には、3人の現地採用事務官と、2人のアルバイト・スタッフからなる事務室が設置された。数年で交代する進駐軍と違って、この大学で一生を送る現地事務官は、大学と研究科長に忠誠心を持っていた。

例えば、20年以上のキャリアを持つ事務主任のM氏は、新設研究科の科長室が、工学部長室の3分の1しかないこと、役職手当も3分の1であること、支給されるタクシー券が月に1枚だけという差別にいたく同情しつつ、事務能力が乏しい研究科長を、誠心誠意サポートしてくれた。

また月に一回くらいは、大岡山の飲み屋で差しつ差されつ、〝エッそうなの！　まさかあの人が！　ああそういうことですか〟、というレクチャーを拝聴した。このおかげでヒラノ研究科長は、1年後には国立大学の仕組みを60％程度理解するようになった。

公務員は、〝遅れず、休まず、働かず〟と批判されている。しかしヒラノ教授は、再び大声で反論する。「彼らは、大事なところではきっちり仕事をしてくれる、頼もしいイキモノだ」と。

独立法人化されてからは、経費削減のため事務官の数が大幅に減らされたので、派遣職員やアルバイト主婦が大増殖した。現在の研究科長は、

「事務官は忙しすぎて、何もレクチャーしてくれない。それはともかく、このような大事な仕事を、アルバイト職員や外部業者に任せて大丈夫だろうか」とぼやいているだろう。

平時にはこれでやっていけても、〝想定外の〟事が起きた時にどうなるかと考え出すと、真面目な研究科長は、夜も眠れないのではなかろうか。

看板教授と施設部次長

文部省は、社会理工学研究科設立を祝って、1500万円の祝い金を支給して下さった。このお金の使い道について、全権を委任されたヒラノ研究科長は、イリヤ・プリゴジン、ケネス・アロー、ハリー・マーコビッツ教授など、4人のノーベル賞受賞者の講演会を企画した。

旅費・滞在費・謝礼を含めると、1人につき150万円ほどの費用がかかるが、残る1千万円を何に使えばいいのか。研究科長と4人の専攻主任が協議した結果は、都心の田町にある付属高校の敷地に、東京工業大学を宣伝する看板を立てるというプランだった。

東工大は関東地域では、実力に見合う知名度がある。ところが、関西以西から東工大を志望する学生はほとんどいない。早稲田・慶応はともかくとして、東京理科大の後塵を拝しているのは、いかにも残念だ。

いまや世の中は宣伝の時代だ。新幹線は田町付近で徐行運転に入るから、関西方面から上京するビジネスマンや、息子の受験先選択に大きな影響力を持つお母様たちの目に留まれば、多少は効果が上がるのではないだろうか。

この当時、理工系大学は不人気だった。〝きけん・きつい・きたない〟の〝3K工学部〟の卒業生の給料は、文系王国・銀行の7掛け以下である。20世紀後半の日本の繁栄を支えたにもかかわらず、働き蜂として冷遇されるエンジニアは、割にあわない仕事だとみなされるようになったため、本来エンジニアになるべき人までもが、法学部・医学部・薬学部・経済学部などを志望するようになってしまった。

危機感を覚えた理工系大学は、カリキュラムの改編、学習時間の削減、新規分野への進出、受験産業とのタイアップなど、様々な対策を講じたが、思わしい結果は得られなかった。

人気挽回に腐心する部局長と社会理工学研究科教授会は、ヒラノ研究科長の〝看板プロジェクト〟を支持した。

一方、誇り高き工学部モノづくり教授たちは、このプランにブーイングを浴びせた。東工大のような名門大学が、このようなことをするのははしたない、というのである。

工学部教授会に〝召喚〟されたヒラノ研究科長は、ハードコア・エンジニアから、「ヨーッ、看板教授！」というヤジを飛ばされ、気がきいたことを言う人が居るものだと、東工大エンジニアを見直したのでした。

工学部教授会の了承を取り付けた研究科長の次なる交渉相手は、国費で建設される施設の設計・施工について責任を持つ、「施設部」である。

ここに勤めるスタッフは、建築・土木工学が専門の技官の集まりで、学長の意見すら無視して文部省基準で事を進める、〝アンタッチャブル〟集団だと言われていた。

説明に訪れたヒラノ教授に対して、施設部次長は言った。

「1000万円やそこらでは、碌なものは出来ないでしょう。看板そのものはともかく、基礎工事にお金がかかるのです。線路のすぐわきに立てるわけですから、台風が来たときに倒れて、新幹線の運行に障害が出たりしますと、莫大な賠償金を取られます。そのようなことにならないように、しっかりした基礎工事を行うと、ざっと4000万はかかるでしょう」

かねてこのプランをプッシュしてきた、社会工学専攻主任のH教授は、看板のデザインは同僚のS教授が無料で引き受けてくれるので、最大でも1500万、この不況を考えれば、交渉次第では1000万程度で納まるのではないかと言っていたが、その3倍以上の大金である。

「知り合いの業者は、1500万あればどうにかなるだろうと言っていましたが……」

「世の中には、いろいろな業者がいますから、そういう見積もりを出すところもあるでしょう。しかしそういうところは、概してアブナイ業者です。われわれが相手にするきちんとした会社に頼むと、4000万くらいかかると言っているのです。ここは学長にお願いして、手持ち資金から2000万円くらい出して頂いてはどうでしょう」

「200万程度ならともかく、2000万はとても無理でしょう。しかし、見積もりを出したのは、社会工学専攻のH先生が懇意にしている業者ですから、そうそうおかしなところではないと思いますが」

「そういうことであれば、われわれはノータッチとさせていただきましょう」。〝なるほど。

気心の知れた業者としか付き合いたくないということか〟。

「そう仰らずに、相談に乗っていただけませんか」

施設部が手を引いたら、国費を使うプランは宙に浮く。そうなれば、ブーイングを浴びながらも、工学部教授会の了承を取った努力が無駄になる。ここは、どうしても彼らの協力が必要だ。

話し合いは、このあと1時間以上続いた。その過程で分かったことは、施設部次長は（H教授を含む）建築・土木系の教授たちに、強い対抗心を抱いているということだった。

長い歴史を持つ東工大の建築学科は、数々のスターを生み出した、全国でも有数の名門学科である。一方施設部には、地方大学や高専の建築・土木工学科の出身者が多い。

建築家というのは、いわば芸術家のようなもので、機能面もさることながら、見た目の〝美しさ〟を重視する生き物である。一方の施設部技官にとっては、機能がすべてで外観などはどうでもいい。

理論第一の経済学者と、実用第一のエンジニアのようなものだから、両者の折り合いがよくないのは、宿命というべきものである。

一方、（文系寄りの）経営工学出身のヒラノ教授ごときは、工学部の主流を任じる、「土・機・電・化」グループ出身の施設部次長にとって、対抗心を燃やす相手ではない。むしろ、主流派エンジニアから蔑視されているヒラノ教授に、優越感を持っているようだった。

こういう相手には、徹底的に下手に出るに限る。拝み倒し作戦は奏功し、その後は友好的に話が進んだ。そして2ヶ月後には、〝アブナイ〟業者との間で、1300万円也の契約がまとまった。300万円の予算オーバーである。

アロー教授の訪日が先方の都合で取りやめになったため、150万円が浮いたので、残りの150万は、ヒラノ教授の委任経理金から廻せばいいと思っていたところ、学長が手持ち資金を出して下さった。東工大の学長は、自由裁量が利くかなりのお金を持っているのである。

半年後には、ビューティフルな看板が出来上がった。しかし1300万円の投資に見合う効果があったかどうかは定かでない。

理財工学研究センター

進駐軍事務官と、もう一度みっちりお付き合いしたのは、看板事件の2年後である。社会理工学研究科の設立にあたって、設立趣意書に書かれていた通り、「文・理乗り入れプロジェクト」の実施を文部省から要求された学長は、社会理工学研究科長に、世間をあっと言わせるプロジェクトの立ち上げを要請した。

しかし、教官はそれぞれ自分の研究テーマを抱えているから、研究科長が「文・理融合プロジェクトに取り組め」と指示を出しても、動いてくれるのは、ヒラノ教授くらいのものである。

知恵を絞った研究科長は、「理財工学研究センター」構想をまとめた。理財工学というのは、ヒラノ教授がこの分野に本格参入するにあたって発明した造語で、今では「金融工学」と呼ばれている研究分野のことを言う。

金融（ファイナンス）は、もともと経済学部・商学部・法学部がカバーしてきた領域である。しかし1980年代に入って、金融ビジネスは著しく技術化したため、エンジニアの参入が求められるようになった。

工学的手法を用いた金融の研究、すなわち「理財工学」は、〝文・理乗り入れ〟研究そのものである。しかも東工大には、世界的に名前を知られている研究者が2人もいる。この2人に加えて、何人かの有力研究者を呼び集めれば、世界で注目される研究センターが出来るのではないか。

ところがモノづくり教授たちは、お金の研究のような〝つまらないこと〟は、経済学部や商学部に任せておけばいいと考えている。その上彼らは、製造業のために育てたエンジニアの卵を〝拉致〟していく銀行・証券・保険会社に、強い反感を抱いていた。

このような状況で、金融ビジネスに塩を送るための研究センターを提案したヒラノ教授は、工学部教授から再びブーイングを浴びた。かくして〝看板教授〟は一転して、工学部の敵に奉仕する、〝トンデモ教授〟の称号を頂戴することになったのである。

しかしヒラノ教授は、（文系上位の）文・理融合アプローチとは似て非なる、〝理・文総合アプローチ〟で金融にチャレンジするこのプロジェクトは、必ず成功すると確信していた。この確信を共有して下さったのが、当時の学長・木村孟教授である。

東工大教授としては珍しく、文系ネットワークに接点を持つこの人は、当てにならない経済学者に替わって、数理に強くモラルが高いエンジニアが、金融分野に乗り出すべき時代が到来していることを感じ取っていた。

学長の指示を受けた事務局長は、文部省の意向をサウンドした。好意的反応を耳にした学長は、〝学内の賛同が得られさえすれば〟、このプランを実現することは可能だと考え、ヒラノ教授に指示を出した。「今年は無理でも、来年なら可能性があるので、準備しておくように」と。

このときのヒラノ教授は、いかに実力学長といえども、アンチ・金融の学内主要人物を説得することは出来ないだろうと考えていた。

ところがここで神風が吹いた。１９９８年4月から実施される「日本版金融ビッグバン」を前にして、１９９７年元旦から日経新聞の一面に、

「このまま座視すれば、日本の銀行・証券は壊滅する。日本市場のウィンブルドン化を防ぐには、金融工学に積極的に取り組まなくてはならない」、というキャンペーン記事が出たの

である。

日経新聞は、その後1ヶ月にわたって、これでもかこれでもかと、金融工学の重要性を説き続けた。世事に関心がないと言われる東工大教授でも、日経の一面くらいは読んでいる。この結果、ハードコア・エンジニアの中にも、金融工学への進出が必要だと考える人が出てくるのである。

概算要求

数々の幸運に後押しされて、1998年に入ると、このプランは一気に現実味を帯びた。そして3月からは、6月に文部省で実施される「概算要求ヒヤリング」に向けて、進駐軍事務局ナンバーツーの経理部長以下、5人の事務官とヒラノ教授との間で、打ち合わせが始まった。

8人の定員、そのうち5人の新規ポストを要求するヒラノ教授と、文部省は高々2人しか認めてくれないと主張する経理部長。公務員定数削減が進む中、大蔵省の意向を汲んだ文部省は、東工大（ごとき）のために、突出した要求は出せないと仰る。この人は文部省と一心同体だから、ここをクリアしなければ道は拓けない。

実はこの時、ヒラノ教授はさる大蔵省高官から、「文部省が5人の定員要求を出してくれば、満額回答を与えよう」という口約束をもらっていた。しかし、ヒラ教授（この時、ヒラノ教授は研究科長の任期を終えて、ヒラ教授に戻っていた）が大蔵省に接触したことが分かると、文部省がへそを曲げる。

ヒラノ教授の目的は、日本の金融ビジネスが外資に席巻されるのを防ぐための、〝世界水準の〟研究センターを作ることである。そのためには、8人のスタッフが〝絶対に〟必要である。一方経理部長としては、中身はともかく、新しい組織を作りさえすれば、それが実績になる。

同じ議論が何度も繰り返された。ところがここで事態が急変した。東大の「先端科学技術研究センター」が、東工大とほとんど同じコンセプトの「先端経済工学研究センター」構想を文部省に概算要求する、という情報が入ったのである。

度重ねて東大に煮え湯を飲まされてきた東工大としては、絶対に負けられない戦いになった。「この際戦線を縮小して、確実に受け入れられるプランを提案すべきではないでしょうか」。東大に負けたくないヒラノ教授は、経理部長の説得に負けた。

最終プランが出来上がったところで、ヒラノ教授は5人の事務官を相手に、センター構想の詳細をレクチャーした。文部省を納得させるためには、まず東工大の事務官を納得させる必要があるからだ。

経理部長はともかく、現地採用の事務官にとっては、センターが出来ようが出来まいが、自分の将来とは無関係である。むしろ仕事が増えるだけだから、適当に済ませようとするだろう。ところがこの予想は完全に外れた。

彼らは、ヒラノ教授がまとめた趣意書を細部まで読んで、文部省ヒヤリングに対する想定問答を作成してくれた。ここまで協力してくれるのは、学長が支援しているプロジェクトだからか、ヒラノ教授の熱意にこたえてくれたのか、それとも日経新聞のキャンペーンや、NHKの金融工学特別番組の影響だろうか（恐らく、そのすべてだろう）。

1998年6月、ヒラノ教授は4人の事務官と2人の同僚とともに、文部省のヒヤリングに臨んだ。2時間に及ぶ質問は想定の範囲に納まっていた。しかし、相手の厳しい口調から見て、これは絶対に通らないと覚悟した。

ところが同席した経理部長によれば、予想を上回る好意的な対応だったという。拒絶する予定の申請に対しては、遥かに厳しい言葉が連発されるのだそうだ。

ヒヤリングに出てくるのは、それなりの実績を持つ部局長級の教授である。しかし文部省の審査官（係長）にとって、文部省の出先機関である国立大学の部局長ごときは、自分たちと同列以下の存在である。

筑波大学に進駐してきたのは、こういう人たちの中の最も猛々しい人たちだったのである。

天才とともに去る

1999年4月に設立された「理財工学研究センター」には、教授2、助教授2のポストがついた。しかし新規ポストは1人だけで、残りの3人は、学内から〝融通〟することになっていた。

公務員の定員削減が進められる中、たとえ1人といえども、新規ポストがついたのは文部省の大英断ということだった。しかし、8人のスタッフを想定して構想を練ったヒラノ教授にとっては、大誤算だった。

センター長はセンターの専任スタッフ以外の教授の中から、学長が指名することになっていた。専任スタッフがセンター長を務めると、大学執行部の考えを無視して独走する危険があるので、それを防止するために作られたルールである。この結果ヒラノ教授は、経営システム工学科教授と、センター長の仕事を兼務することになった。

新規定員は1人しかつかなかったものの、国はセンターにかなりの運転資金を提供してくれた。教官ポストを増やすと恒常的に経費がかかる。一方一時的なお金であれば、適当なところで打ち切ることができるというわけである。

また産学協同プロジェクトの関連で、民間企業からも活動資金が提供された結果、2人のアルバイト要員を雇用できることになった。アルバイト・スタッフのチーフは、センターの中心人物である白川助教授の秘書・N女史である。

センター・スタッフが、隣の部屋で忙しく働いているのを見たミセスKは、センター長に申し出た。

「センターのお仕事を手伝いしましょうか」

「センターの仕事は、センターで採用された人にやってもらうことになっています。あなたは、経営システム工学科の費用で雇用されているのですから、手伝う必要はありません」

センター設立に当たって、経営システム工学科との間でゴタゴタがあったから、学科の費用で雇われているミセスKが、センターの仕事を手伝っていることが分かると、学科とセンターの関係がこじれる可能性があったのだ。

ところが、そんなことがあったとは知らないN女史は、仕事を手伝ってくれないミセスKを中傷した。

「ろくに仕事もせずに、センター長の庇護のもとでヌクヌク暮らしている」と。面と向かっては言わなかったが、このような言葉は廻り廻って本人の耳に入る。

自分の立場が悪くなっていることを気に病んだミセスKは、再度センター業務を手伝いたいと申し出た。しかしヒラノ教授は、頑なにこれを断った。

学科との関係もさることながら、ミセスKがN女史にこき使われるのを見たくなかったし、半年後にはこの人を、新しい勤務先にお連れしようと思っていたからである。居心地が悪くなった東工大に居るより、しがらみのない新天地に移籍した方が気楽ではなかろうか。

理財工学研究センターは、この後5年間にわたって、日本における金融工学研究の橋頭堡としての役割を果たした。そして3年目に実施された外部評価では、ＡＡＡの評価を手に入れた。

この実績をもとに、近い将来文部科学省に定員要求を行い、当初計画した総勢8人のセンター・オブ・エクサレンスを実現することも夢ではない。東工大を辞めた後、ヒラノ教授もＳ経理部長もこう期待していた。

しかし残念なことに、理財工学研究センターは、天才・白川教授が病死した後間もなく廃止され、新設された「イノベーション・マネージメント研究科」に吸収されてしまった。金融工学グループは、その後も活動を続けているが、兵糧を絶たれたため、かつてのような輝きを失ってしまった。

これ以降、社会理工学研究科の「文・理融合研究」は、特筆すべき成果を上げていないようである。２０１１年の11月末に開かれた、「価値システム専攻（人文・社会群の後身）」の設立15周年記念シンポジウムに招かれたヒラノ名誉教授は、「文・理融合はうまくいかない」というぼやき声を耳にして、〝さもありなん〟と思ったのでした。

9　3人目と4人目の秘書

停年教授の再就職

停年を1年後に控えて、ヒラノ教授はいくつもの問題を抱えていた。まずは助手の就職先の斡旋である。これに失敗すると、学科に迷惑を掛けた教授として、長く語り伝えられることになるし、残された助手も肩身が狭い思いをしなくてはならない。

いいポストにありつけるかどうかは、実力だけでなく、運によるところが大きい。幸いこれまで3人の助手は、4年目にいいポストを見つけたが、就職状況は年々悪くなる一方だから、今回もうまくいく保証はない。

次は4人の博士課程の学生を、社会に送り出すことである。そのために、まずは論文を完成させ、その目処が立ったところで、しかるべき就職先を見つけてやらなくてはならない。自分が育てた博士の就職先が見つからなければ、研究者としての沽券に関わる。

4人のうちの1人は、東工大の歴史に残る大秀才だけあって、論文はほぼ完成しているし、就職先も引き合いが来ている。しかし残りの3人は、うまくいったとしてもぎりぎりである。期限までに終わらないときは、専門が近い同僚教授に後事を託すしかない。

しかし、頼まれる側は迷惑に決まっているし、学生としても指導教授が替わると、あれこれ大変なことが多い。

学生は何とかなるとしても、実はこのときヒラノ教授自身も、停年後の身の振り方に悩んでいた。

東工大に赴任した1980年代初め、60歳で停年退職する東工大教授は引く手数多《あまた》だった。（停年が65歳の）東京近郊の国立大学、（定年が70歳の）都内の有力私立大学、そして企業の研究所長など。

ところがその20年後、少子化の影響で大学産業は縮小過程に入っていた。経営が悪化した私大の中には、経費がかかる理工系学科を統合・廃止したり、定年で空いたポストに人員を充足しないところが続出した。

また企業も、バブル崩壊の中で研究投資を引き上げつつあった。このため、ヒラノ教授とともに2001年春に退職する教授たちは、空前の再就職難に見舞われることになったのである。

こんなところに舞い込んだのが、中央大学理工学部の「経営システム工学科」からのお誘いである。後楽園にあるこの大学には、40分で通勤できるし、この大学は、早慶に次ぐMARCHグループ（明治・青山学院・立教・中央・法政）に入る名門である。その上、ここには何人もの先輩や友人がいるし、定年は70歳である。

これ以上あり得ない好条件に、ヒラノ教授は自分の幸運を天に感謝した。

稀に見るしっかり者

中大への移籍が確定した2001年1月、ヒラノ教授はミセスKに一緒に移って下さるようお願いした。これから先仕事を続けて行く上で、絶対に失いたくない人だったが、あっさり拒否されてしまった。原理原則を大切にする人が、ひとたびノーと言ったのを覆すのは容易でない。

ミセスKのお嬢様がまだ学生だったら、節を曲げてくれたかもしれない。しかし今や立派な社会人である。夫に財産のすべてを持っていかれたとはいうものの、成城の土地・家屋は将来自分のものになるはずだし、母親はかなりの資産を持っているから、時給1000円程度のアルバイトなどやらなくても暮らしていけるわけだ。

しかしミセスKは、ヒラノ教授を1人で後楽園に旅立たせるような、薄情な人ではなかった。「理財工学研究センター」に勤めていた岩村夫人に、口を利いてくれたのである。

30代後半のこの人は、私立中学に通う1人娘の学費を手に入れるべく、センターの求人に応募した。数人の応募者の中で、飛びぬけて能力とやる気があるのが岩村夫人だった。

ところがこの職場は、思いもよらない苛酷なところだった。就任早々、大量の仕事を割当てられ、連日超過勤務を余儀なくされた。ところが、時間内に仕事が終わらないのは本人の能力不足のせいにされ、労働時間に見合う報酬を手に入れることはできなかった。

労働条件の悪さに嫌気がさした岩村夫人は、1年もしないうちに退職を決意した。このときセンター長は、年度末まで勤務を続けてもらうよう説得を行ったが、鋼鉄板のように跳ね返されてしまった。

ところが思いもかけないことに、ミセスKの説得のおかげで、この鋼鉄女性が中央大学に来てくれることになったのである。

週に3日、朝10時から4時までという契約に従って、岩村夫人は良く働いてくれた。N女史にしごかれただけあって、この人はやたらと仕事が早かった。また15人に及ぶ卒研生の名前を誦《そら》んじ、ゼミ長に対して「○×君、週に1回は部屋の片付けをやらなくてはダメョ」だとか、「アルバイト代を貰っているのだから、きっちり仕事をしなさいね」などと指示を出していた。

隣の部屋に住む東工大出身のK教授は、岩村夫人の熱意とパワーに羨望の念を隠さなかった。

「ヒラノ先生のところは、学生だけでなく秘書も優秀ですね」

「あの人のおかげで、ぼくも仕事が速くなりました」

「どうすれば、ああいう人が見つかるのですか」

「『秘書選び問題』の教えに従っただけです」

「あれですか」

ORとは密接な関係にある統計学が専門のK教授は、この問題をご存じだった。このあとK教授は、優秀な秘書を見つけることに成功したのは、この教えに従ったからだろう。

当初ヒラノ教授は、社長令嬢のミセスKとは全く異なる、ラグビー部マネージャー・タイプの岩村夫人に当惑させられることもあった。しかし、半年もするとそのペースに馴れてしまった。

岩村夫人を一言で表す言葉があるとすれば、それは〝稀に見るしっかり者〟である。ヒラノ教授にとって、娘の世代に属する岩村夫人は、父親が早く亡くなったため、母1人娘2人の母子家庭で少女時代を過ごした。ところが母親は、小学生時代に過労のためクモ膜下出血で急死し、姉も間もなく病死してしまったという。

天涯孤独の身になったこの人が、このあとどうやって暮らしていたのかは知らない。一流女子大を出ていることからすると、親戚の誰かが学費を出していたのだろう。こういう少女時代を過ごせば、誰でもしっかり者になる。

白昼の決闘

東工大を辞める時、ある先輩教授は、「停年後は、無理をせずに適当にやった方がいいですよ」とアドバイスしてくれた。私立大学は教育負担が重いので、頑張ると健康を害するのが落ちだと言うのである。

中大の場合、教授一人当たりの学生数は東工大の3倍だから、教育負担は3倍だった。しかし幸いなことに、2004年に学科主任を引き受けるまで、学内の雑用はほとんど廻って来なかった。

東工大で研究4、教育2、雑用3、社会的活動1の割合で、年4000時間近く働いていたヒラノ教授は、研究3、教育5、雑用1、社会的活動1の割合で、年3000時間しか働かない〝怠け者〟になった。

雑用が少ない教授の仕事は、中期の仕事と長期の仕事がほとんどである。締め切りまで1週間以上の時間がある各種の原稿依頼は、東工大時代並みにあった。しかし岩村夫人は、パソコン入力をあっという間に終えてしまう。

中期の仕事が終わった時は、長期の仕事――たとえば300ページ程度の本の原稿の入力など――をやってもらうのだが、これも驚くべきスピードでこなしてしまう。何があっても、「今日は何もお仕事が無いのですか」などと言われたくないヒラノ教授は、必死に仕事に取り組んだ。

岩村夫人の仕事ぶりに感嘆したヒラノ教授は、「ブルドーザーのようですね」というデリカシーを欠いた賛辞を呈して、アカハラを働いてしまった。しかし、本音を言えばブルドーザーどころか、戦車の方が当たっていた。かくしてヒラノ教授は、ミセスKのときの2倍近いスピードで仕事をすることになったのである。

ところが、教授と秘書の〝決闘〟は、3年後に突然終りを迎えた。70代半ばにさしかかった義父が体調を崩したため、その介護に時間を取られることになった、というのが退職の理由だった。

しかしヒラノ教授は、それ以外にも理由があるのではないかと感じていた。4月から学科主任を引受けることになった上に、6月には日本OR学会の会長に就任することが決まったので、これまで以上に働かされるのは願い下げだと思ったのではなかろうか。

2004年2月末に、岩村夫人が退職を申し出たとき、ヒラノ教授はもはや手遅れだと観念した。この人もミセスKと同様、一度言い出したことに変更の余地はない。頼んでみても、鋼鉄のように跳ね返されるのがおちである。

しかし、1ヶ月の猶予期間の間に、岩村夫人に匹敵する有能な秘書を見つけることは出来るだろうか。都心の一等地にある大学だから、新聞広告を出せば3人や4人の応募者はあるだろう。ここで再び「秘書選び問題」の教えに従えば、いい秘書が見つかる可能性は十分にある。

しかし、面接の際の判断があてにならないことは、これまで何度も経験したことだ。たとえば、シガニー・ウィーバー事務官が退職したあと、ヒラノ教授と社会学者のI教授が、7人の応募者の中でベストと判断した女性は、外れも外れ大外れ、ほとんど仕事をしない〝コンチネンタル事務官〟だった。

折角これまで順調に行ってきた研究活動を、新しい秘書との確執でディスターブされたくない。更に言えば、ミセスKの場合ですら、気心が分かるようになるまでに、1年余りの時間を要したことからすると、はじめの1年程度は、雪道で車を運転するような状態を覚悟しなくてはならない。

であるからには、ここは膝を屈して、ミセスKに復縁を願い出るべきではないか。

復縁

原理原則を大事にするミセスKは、ひとたび辞めると言ったのに、慰留されて前言を翻すようなミットモないことはしたくないと考えた。しかし、ヒラノ教授が中央大学に移ったあとも、ヒラノ研OBたちの忘年会が、ミセスKの家で開かれているのはなぜなのか？

立派な社会人になった元東工大生が、大挙して元秘書の家に押しかけて、学生時代と同様ナベをつつくのは、森口研究室のOBが、既に退職した奥平秘書の家で忘年会を開いているのと同じことである。

東大工学部カルチャーでは、絶対にありえないことが起こっているからには、ミセスKは機嫌を直している可能性が高い。

しかし、今も週に2日ほど東工大で秘書を務めているということだから、来てもらえるとしても週に2日くらいだろう。つまりブルドーザー秘書に換算すると、半分の仕事しかやってもらえないということだ。

これでは無理かと言えば、さにあらず。この3年間、岩村ペースに合わせて頑張りすぎた分を減らし、どうしても無理な時には、週3日来てもらえば何とかなる。

学科主任業務はかなりの負担である。しかしこの学科では、トリプルA級の事務処理能力をもつM教授が書記を務めて下さるから、議事録作成という大仕事はやらずに済む。

OR学会会長職は、創立50周年事業の責任者という大仕事があるが、学会には立派な事務局があるから、ミセスKに頼む仕事は限られている。

こう考えたヒラノ教授は、ミセスKに復縁を申し込むことを決断した。

交渉の結果は、

「次の人が見つかるまでの間なら、週2日くらいお手伝いしてもいい」というものだった。

これを知ったヒラノ教授は、最低でも1年、うまくいけば3年、そして、2度目の定年を迎える7年後まで続けてもらうことも不可能ではない、と考えていた。

父親が病死したあと、古希を過ぎた母親を1人暮らしさせておくのは心配だ、という3人の兄弟に頼まれ、（夫が抵当に入れた）田園調布のマンションから、成城の実家に戻ったミセスKは、〝自分から言い出したことではなく、兄弟の依頼で母親の面倒を見るのだから、母親が亡くなったあとも、この家に住み続けることができるだろう。土地の一部を売却すれば、老後の生活は何とかなる〟と考えていたようだ。

ところが、この思惑は見事に外れるのである。父親から貰った財産すべてを、夫にはぎ取られた上に、母親の死後、土地の一部しか相続できなかったため、ヒラノ教授と離縁したあと、古巣の東工大で時給900円・週2日のアルバイトをやっていたのである。

ヒラノ教授が63歳なら、ミセスKはもう56歳である。不況が続く中で、60歳近い女性が働ける職場は限られている。しかも、パートタイム給与は下がり続けている。

従来であれば、アルバイト秘書に支払うことができる給与は、時給900円（プラス交通費）、1日6時間までと決まっていたから、1日働いても5～6千円にしかならなかった。ところがしばらく前に、アルバイト職員にも能力給が導入され、特別なスキルがある人には、時給1500円、1日あたり1万円までは支払えることになった。

〝週に2日か3日で、月々10万程度の収入が入るのであれば悪くない――〟。

追い詰められたヒラノ教授

この頃ヒラノ教授は、追い詰められた状況にあった。10年前に発病した妻の難病が着実に進行し、2003年1月に要介護度2の認定を受けたのである。

ヒラノ教授は毎朝5時前に起き、妻の朝食と昼食を用意して6時に家を出た。妻の体調を心配しながら昼の時間を過ごし、5時には家に戻って、週3日の病院通いに付き合ったあと、どこかで外食して家に戻る。病院通いがない日は、スーパーで総菜を見つくろって、6時過ぎには家に戻る。

研究者であるからには、最低でも年に2回くらいは海外出張しなくてはならない。

2000年にニューヨークに出張したときは、1ヶ月家を空けても問題なかった。しかし、2002年の香港出張は1週間がギリギリだった。そして2003年のオーストラリア出張は、中2泊で日本に戻った。

これから先、ヘルパーさんに手伝ってもらうとしても、家を空けられるのは3日が限度だ。

人文・社会群から経営システム工学科に移籍したとき、ヒラノ教授は2001年の停年までに、国際A級研究者の条件である〝レフェリー付き論文100編〟をクリアしたいと考えていた。90年代はじめから毎年5編以上書いてきたが、この先7年間で45編書けば100編になる。

東工大時代のヒラノ教授は、比較優位の原理にしたがって、計算機実験（プログラミング）は優秀な学生に任せ、自らは問題の発掘と解法の組み立て、計算結果の分析、英文論文の作成に集中してきた。

しかしこれは、東工大の突出した才能をもつ学生を前提としたビジネスモデルだから、中央大学に移ってからもうまくいくとは限らない。自分でプログラムを組むとなると、年に5編はおろか1編か2編がいいところだ。

ところが案に相違して、中央大学の上位3分の1の学生はとても優秀だった。しかもヒラノ研究室に所属した学生の中には、東大や東工大にでも入れたはずの学生が混じっていた。

アメリカの大学は、能力による完全な輪切り社会だが、日本はそうではない。高校時代に部活に熱中していて、受験勉強に手がまわらなかったため、わずかなところで東大や東工大受験に失敗した、才能のある学生がたくさんいるのである。

この結果ヒラノ教授は、2001年から2004年までの4年間に、学生諸君の協力のもとで15編の論文を書き、あっさり100編の目標を達成した。〝このペースでいけば、定年までに150編の大台に乗せ、国際A級研究者の格付けを手にすることができる――〟。

ミセスKは18年前に、「（香子〝助手〟のように）若くない私なんかでいいのかしら」と言っていたのと同様、「（岩村夫人のように）働き者でない私なんかでいいのかしら」という言葉を繰り返しながら、きちんと仕事をこなして下さった。

研究が順調だったのとは裏腹に、ヒラノ夫人の難病は進行していた。要介護度2の認定を受けたあと小康を保っていたが、2005年はじめに要介護度3の段階に入った。こうなると、ヘルパーさんの助けがあっても、何日も家を空けることはできない。

2005年の夏に、よんどころない事情でハワイに出張したときは、遠方勤務の長男に自宅に泊まってもらい、72時間でトンボ返りした。ハワイの正味滞在時間は24時間、という強行軍である。このときヒラノ教授は、妻が生きている限りは、これが最後の海外出張になるだろうと考えていた。

ミセスKは、適当な施設を見つけて、夫婦そろって入居した方がいいのではないか、とアドバイスしてくれた。確かに、そうすれば時折は海外出張もできる。しかしこの頃のヒラノ教授は、ヘルパーさんの協力があれば、まだ自宅介護が可能だと考えていたのである。

工学部の語り部

海外出張を諦めた頃を境に、ヒラノ教授の研究に対する情熱は、徐々に衰えて行った。これからも毎年5編の論文を書き続ければ、2度目の定年までに150編の大台乗せは可能だが、それが何だというのか。

論文量産を開始した80年代末には、1つ1つの論文が重要な意味を持っていた。あと40編、あと39編、……あと30編。１つ書くたびに、目標が近づいてきた。

そして、年に2～3回は海外の研究集会に参加して、世界各地から集まる優秀な研究仲間に自分の成果をアピールし、彼らのアイディアを吸収した。

国際研究競争の第一線に止まるためには、このような集会に参加することがＭＵＳＴである。なぜならここで発表されたアイディアが、論文形式で専門誌に掲載される1～2年後には、先頭集団はそのアイディアを食べつくして、新たな課題に挑戦しているからだ。2年前の論文が掲載された時点で残っているのは、骨と皮だけである。

しかし今になって考えると、１９９０年代はまだ牧歌的な時代だった。１９９５年にヒラノ教授の専門分野では、年に５００編の論文が掲載されていたとすれば、その10年後の２００５年には、１０００編を遥かに超える論文が掲載されるようになった。

先進諸国の研究者の競争に、新興国の研究者が割り込んできたのだ。特に人口13億の中国が経済発展期を迎え、雲霞のごとき研究者群が量産する論文が、次々と新刊される雑誌に溢れるようになったのである。

こうなると、一流の研究者は特定のものを除いて、論文誌を手に取らなくなる。一流を目指す研究者は、一流の人が集まる集会に参加して、少数の一流誌上で成果をアピールしなければ、論文洪水に押し流されてしまうのである。

実際、中央大学に移ってから書いた30数編の論文の中で、これこそはと思った3編も、内外でアピールする努力を怠ったためか、余り評判にならなかった。ひとたびは、国際A級研究者のラベルを手に入れたはずのヒラノ教授は、世界各地で開催される集会からの招待を断り続けているうちに、この地位から滑り落ちてしまった。

ではこの態勢を挽回することは可能か。考えられることは乾坤一擲、誰もが驚くような研究成果を出すことである。かくしてヒラノ教授は、2002年に42歳の若さでこの世を去った白川教授が、「ヒラノ先生なら解けるはずです」と言い残した〝大問題〟に取り組むギャンブラーになった。

しかし大問題に全精力をつぎ込むと、破滅リスクが高くなる。ヒラノ教授は、そのような人を何人も見てきた。だからアイディアが出ないときは、別のことで気を紛らわせる必要がある。

では何をやるべきか。ここに浮上したのが、かねて温めていた〝工学部の語り部〟という仕事である。

ヒラノ教授の世代は、1957年のスプートニク・ショック後の〝第1次理工系ブーム〟の中で理工系大学の門をくぐった、〝スプートニクの落とし子〟世代である。

理工系大学に迷い込んだヒラノ青年は、ここで多くの優れた人を知った。彼らは、日本を代表する〝ベスト・アンド・ブライテスト〟集団だった。そして彼らこそが、ジャパン・アズ・ナンバーワンと恐れられる、〝世界最強の製造業大国〟を築いたのだ。

しかし優秀なエンジニアは、何も語らずに仕事に励み、いまや第一線を退こうとしている。人々は、20世紀後半の日本が、優秀なエンジニア群によって支えられてきたことを知っている。しかし彼らが一体何を考え、どのように生きて来たかを知る人ほとんどいない。誰かが、ベスト・アンド・ブライテストたちについて書き残す仕事をすべきではないか。

こう考えたヒラノ教授は、ホームラン狙いの合間に、〝工学部の語り部〟としての仕事を開始することにしたのである。

ヒラノ教授は毎朝6時半に大学に出て、10時までに5枚の原稿を書いた。そのあと3時までは講義やゼミ、そして会議などの雑用をこなし、その合間、合間にギャンブルに取り組んだ。

ギャンブルで儲けるのは容易でない。これは研究の世界でも同じである。ところが、大問題に取り組んで3年目の２００８年になって、この問題が解けたのである。間もなく顔を合わせる白川教授は、

「解けましたか。さすがはヒラノ先生」と言ってほめてくれるだろう。

この時以来、ヒラノ教授は研究に対する意欲を失った。7年がかりで「フェルマーの最終定理」を証明した、プリンストン大学のアンドリュー・ワイルズ教授は、その後十数年にわたって、これといった研究成果を出していないということだが、大きな問題を解いた後は、

ほかの問題は取るに足りないものに見えるものなのだ。

白川教授の問題は、フェルマーの定理に比べれば、まことに矮小なものだ。しかしこの問題は、ヒラノ教授にとっては、ワイルズ教授の問題と同じくらいの意味を持っていたのである。

10 〃利益相反〃本部長

産学官連携・知財戦略本部長

2001年から2004年までの4年間、ヒラノ教授には、時間がかかる雑務は降って来なかった。年寄りを酷使するのは良くない、と考えるこの学科では、事務官以上に有能な若手教授が、ほとんどの雑用を引き受けてくれたからである。

2004年に学科主任の当番が回ってきたときは、週に1日程度はつぶれたが、週に3日つぶれる東工大の学科主任に比べれば、楽な仕事だった。学科主任を終えた後は、翌2005年に大学院専攻主任を務めれば、定年までの5年間、雑用をやらずに済むはずだった。ところが2004年の秋になって、これまで経験したことがない、超厄介な仕事が降ってきた。

東大時代の後輩にあたる、T理工学部長から呼び出されたヒラノ教授は、あまりいい話ではないだろうと思ったが、政府の肝いりで設立された「産学官連携・知財戦略本部」(以下知財本部と略称する)の本部長を務めていた人が、任期途中で辞めてしまったので、11月からその後任を引き受けてほしいというのである。

折から小泉内閣は、「知財立国」を宣言し、知的財産保護強化を、新たな国家成長戦略の基本に据えた。内閣府に設立された「知的財産戦略本部」は、経済産業省と文部科学省と一体になって、大学に対して意識改革を呼びかけた。

「理工系教授の中には、論文書きばかりやっていて、特許を取得しない人が大勢いる。この際、論文書きだけでなく、特許も取って、新しいビジネスにつなげ日本経済の発展につなげてもらいたい。そのためには、大学が知財戦略本部を設立して、教官に対して特許取得を奨励し、その便宜を図ってほしい」と言うのである。

新たな組織を作るためには、そこに新たな人員を配置し、予算措置を講じなければならない。財政状態が悪化している大学にとっては、厳しい要求である。ところが政府は、5年間に限って、専門家を雇用する費用を補助してくれるという。文科省に首根っこを押さえられている大学は、ここまで言われたからには、従わざるを得ない。

全国の大学は「知財戦略本部」を設立し、副学長級の重要人物に本部長を担当させた。積極的な大学(たとえば、四国にある某国立大学)は、〝特許を論文と同等に〟業績評価にカウントする方針を打ち出し、全教官に「特許を取れ」と号令をかけた(ヒラノ教授が知る限り、アメリカにもこのような大学はない）。

電気・機械・応用化学など、従来から特許を取得してきた教授たちにとっては、特別驚くような話ではないだろう。しかし、（ヒラノ教授のように）特許制度の外で暮らしてきた、数学・物理・情報科学の専門家にとっては、寝耳に水である。

一方、文系勢力が力を持っている中央大学は、政府の方針に対して前向きではなかった。その証拠にこの大学では、副学長ではなく、理工学部のヒラ教授が本部長を務めることになっていた（前任者が、半年以上の任期を残して辞めたのは、他大学の本部長が副学長待遇を受けているのに、自分がヒラであることに憤慨したためだという説もあった）。

では誰に後任を頼むか。特許法をはじめとする、知的財産権法に詳しい理工学部教授は、ソフトウェア特許を巡って、9年にわたってAT&Tと日本特許庁と戦ったヒラノ教授だけである（このドラマティックな戦いについては、『特許ビジネスはどこに行くのか』（岩波書店、2002）の中で詳しく書いた）。

その上、この時ヒラノ教授は、技術者が中心になって設立した「日本知財学会」の副会長を務めていた。T学部長はこのことを知っていて、ヒラノ教授に白羽の矢を立てたのである。

利益相反行為

ヒラノ教授は、すべての工学部教授に特許を取らせようとする、国の方針に疑問を感じていた。電気・機械・応用化学などの、〝ものづくり〟分野はいいとして、ソフトウェアや数理工学の分野の研究者にまで特許を取らせようとしても、うまくいくはずがないからである。

このあたりのことは、右に紹介した本に詳しく書いたので、ここでは繰り返さない。要は、数理科学やソフトウェアの研究者には、知識を囲い込んで利益を独り占めにする、という発想が無いのである。

それだけではない。ヒラノ教授は、〝ソフトウェア特許反対〟の旗を掲げて、AT&Tベル研究所とアメリカに屈した特許庁を相手に孤軍奮闘してきた、ドン・キホーテ的存在である。このような男が、ソフトウェア研究者に対して特許取得を奨励するのは、〝利益相反行為〟である。

ここは当然辞退すべきところだが、その場合には、より厄介な仕事が降ってくる可能性があった。

中央大学の理事長を務める鈴木敏文氏（セブンアンドアイ・ホールディングス会長）が音頭を取っている、ビジネススクール設立の準備委員を押し付けられる心配があったのだ。

工学部のスタッフの中で、準備委員の候補に上がるのは、ビジネススクールの目玉である、

〝ファイナンス（金融工学）〟研究をやっている、ヒラノ教授である。もし理事長から頼まれたら、断ることは出来ない。

ビジネススクールはすでに乱立気味で、どの大学も学生集めに苦労しているから、中央大学のような名門でも、成功する保証はない。設立準備委員を引き受ければ、講義もやらざるを得ないが、夜間大学院だから夜10時過ぎまで拘束される。

どちらも引き受けたくない仕事である。しかしどちらかと言えば、知財戦略本部長の方がましではないか。こうして引き受けた仕事であるが、ヒラノ教授はこの後3年半にわたって、〝利益相反ヒラ教授〟として働かされることになるのである。

毎年1回開催される、全国大学の教官による発明発表会。発明協会や知財本部で開催される様々なイベント。政府から派遣される知財専門家のヒヤリング。知財問題と抱き合わせの産官学連携活動など、様々な会合に出席しなくてはならない。

ここでお世話になったのが、本部長をサポートする3人のスタッフである。1人目は、かつて東芝の特許部に勤めていたW氏、2人目は、元ブリヂストンの特許部長として、世界的悪役ジェローム・レメルソンと戦ったI氏、そして3人目が、中央大学出身の生え抜き事務職員のN氏である。

ヒラノ教授は、特許法は知っているが、特許の実務は全く知らない。知財戦略本部では、教官から提出された申請を審査し、特許庁の審査をパスしそうなものを選び出す作業を担当することになっていたが、これらの仕事は専門家のI、W両氏に任せるしかない。

I氏は、この業界ではよく名を知られたエキスパートで、中央大学の前に勤めていた大学では、特任〝教授〟ポストに就いていた。本来であれば、中大でも教授ポストを用意しなければならないところである。

このような人を、単なる事務局員として処遇したのは、大学当局がこの仕事を軽視していたことの表れである。

利益相反マネージメント・ポリシー

大学当局が軽視している仕事を任された本部長は、（先輩教授のアドバイスを考慮して）、余り頑張らなくてもいいと思っていた。ところが2年目に入って、「利益相反マネージメント・ポリシー」と教官の服務規定の作成という、難しい仕事が降ってきた。

21世紀に入るころから、大学教授は産学官連携戦略のもとで、企業や政府の仕事を請け負って、公然と金銭的報酬を手にすることができるようになった。

しかし、金銭的報酬について、企業との間でトラブルが発生する心配もある。また際限なくカネ儲けに邁進して、本来の活動に支障が出ると、学生やジャーナリズムから指弾される恐れがある。

大学教授の第一義的任務は、〝研究と教育〟である。研究の成果を社会に還元することも大事には違いないが、それは研究と教育に支障が出ない範囲で行う必要がある。では、どこまでの活動を認めるか。そのガイドラインを与えるのが、「利益相反マネージメント・ポリシー」である。

理工学部では、〝兼業届を出して教授会の承認を受けたうえで、ウィークデーは1日分、8時間までを限度とする〟というあたりでまとまりそうだ。しかし法学部や商学部には、企業の顧問を務めて青天井の報酬を手にしている、弁護士・公認会計士・コンサルタント教授が大勢いる。

文部科学省や総務省は、利益相反ポリシーが無い大学には、研究費を支給しないと言っているが、研究費が無くても研究できる文系教授（や研究をやらない教授）は、痛くも痒くもないから、この問題には無関心ないし反対である。

一方、研究熱心な理工系教授は、研究費が無ければお手上げだから、ポリシーづくりに協力してくれるはずだ。

本部長の任務は、利害が錯綜する文系・理工系教授の意見を取りまとめて、全学共通のルールを作ることである。

ヒラノ教授は若いころ、利害が対立する集団の意思決定問題を研究したことがあるが、今回の問題は、工学部で過ごした37年間で出会った、最も厄介なものだった。

もう1年で3年の任期が終わるI氏、翌年には別の部署に配置換えになるかもしれないN氏、また知財問題の専門家であるヒラノ教授も、任期中にこの問題に決着をつけたいと考えていた。

経済学者や法学者とたっぷりお付き合いした経験があるヒラノ教授は、はじめから全学一本の規定を作ろうとしたら、議論が紛糾して、〝絶対に〟まとまらないと考えた。

ここはまず、理工学部だけを対象とする案をまとめ、理工学部教授会を通した後、それを既成事実として、文系学部に圧力をかける方が賢明ではなかろうか。

文系教授という種族の厄介さを知らないI氏とN氏は、当初この案に反対した。しかし、ヒラノ教授はいくつもの事例を紹介しながら、全学一本戦略は成功する見込みが無いことを説明した。呑み込みが早い2人は、ヒラノ教授に同意してくれた。

文系学部長説得作戦

ヒラノ教授は、I、N両氏の協力のもとで、理工学部教授会を通りそうな案文をつくりあげた。ウィークデーの兼業は週に1日、8時間まで、兼業は必ず大学に届け出ること、届けが無い兼業については、万一問題が生じても大学側は関知しない（自分で始末をつける）ことなどを骨子とする原案は、「日本知財学会副会長」の印籠のおかげで、理工学部教授会をパスした。

次のステップは、この決定について、文系学部長の了解を取り付けることである。中央大学では、たとえ理工学部教授会で認められた事案でも、全学部長の了承が得られなければ、効力を持たないのである（厄介なのです）。

世間で「法科の中大」と呼ばれていることが示す通り、大学の中で圧倒的力を持っているのは、東大と並び称される法学部である。

法学部教授は、理工学部教授を、〝金食い虫の研究オタク〟だと思っている。その理工学部教授が、法学部長をはじめとする文系5学部長を相手に、〝法的問題〟について了解を取り付ける立場に立たされたのである。

エンジニアにとって、これは容易ならざる任務である。同行したI氏とN氏は、果たしてヒラノ教授がうまくやってくれるかどうか、不安そうだった。しかしヒラノ教授はあまり心配していなかった。東工大の人文・社会群時代に、日本を代表する文系論客と渡り合った経験があったからだ。

理工学部長のT教授と、法学部出身のY学長の援護射撃のもとで、いくつかの反対意見をねじ伏せて、1時間余りで認めてもらうことに成功した。

理工学部がこのポリシーのもとで動き始めれば、遅かれ早かれ他の文系学部も、ポリシーを作らざるを得なくなる。これがヒラノ教授の読みだった。そしてこの思惑通り、1年後にはすべての学部が、理工学部とほぼ同じ規定を設定したのである。

ではこの規定は、守られているのだろうか。律儀な理工学部教授は、概ね守っているはずだ。なんでもありの文系教授が守っているかどうかは知らない。しかし、この規定に違反して問題を起こした教授は、自分であと始末することになっているので、大学側が責任を問われることはないだろう、とヒラノ元本部長は考えている（甘いだろうか）。

ヒラノ教授は、無事3年半の任期を終えて、2008年3月に本部長を退任した。学長が後ろ向きだったため、（某国立大学のように）全教授に対して特許取得をプッシュするという〝利益相反行為〟に手を出さずに済んだのは幸運だった。

小泉総理が政権の座から去ったあと、「知財立国」の言葉を聞く機会はめっきり少なくなった。政府の支援が打ち切られた後も、自腹を切って知財戦略を推進している大学は、いくつあるのだろうか。

東京大学、京都大学、慶応大学のように、知財収入が多い医学部を擁する大学はともかく、全く利益が上がらなかった中央大学の知財戦略は、今では形だけのものになってしまったようである。

3年以上にわたって、スーパー・エフィシェントな事務官N氏と付き合ったヒラノ本部長は、東工大事務官とは一味も二味も違う、中大事務職員気質を勉強させて頂いた。

東工大教授の7割以上は、東工大出身者である。一方事務官の中には、東工大出身者は一人もいない。これに対して、中大理工学部教授の95％以上は、中大以外の大学の出身者である。一方、中大事務組織の中枢部は、中大出身者で固められている。

東工大の現地事務官から見れば、教授は全国でも有数の難関校・東工大の入学試験に合格した、エライ人である。一方、日本の法曹界にきら星のような人材を輩出した中大法学部出身の事務職員にとって、東大や東工大の後塵を拝している理工学部の教授は、特別にエライ人ではない。

東工大出身のK教授は、「(東工大と違って)この大学では事務官が威張っていて、われわれの言うことを聞いてくれない」とぼやいていた。しかしそれは、右に書いた構造からして、当然すぎることなのだ。

中大の事務職員には、愛校心に燃える優秀な人が多かった。このような人たちを使いこなすには、教授も彼らと同じくらい大学に対して忠誠心を持つか、生え抜き事務職員に一目も二目も置かせる実績を持つことが不可欠なのである。

11 ギネス・コンビ

オークワードな教授

中央大学に移籍したとき、ヒラノ教授は自分を老人だと意識することはなかった。やるべきことは沢山あったし、まだ気力も体力も残っていた。ところが65歳を超える頃から、18歳の学生を相手に講義をやっている自分を、〝オークワード〟な存在だと感じるようになった。ちなみにオークワードとは、〝ぶざまな、落ち着かない、ぎこちない、気まずい、やりにくい〟などの意味を持つ英語である。

50歳はヒヨコ、60歳でやっと一人前、70歳で本物と言われる哲学者や法学者ならともかく、50を超えたら〝相撲部屋の親方〟と言われるエンジニアの世界で、65歳のシーラカンスが半世紀も後に生まれた孫たちに、日進月歩の〝工学〟を教えるのはいかがなものか。

オークワード感が増したのは、ミセスKのアドバイスに従って、妻とともに文京区にある介護施設「アズハイム・文京白山」に入居してからである。

入居者は、あちら側に行ってしまった人ばかりである。「私の息子でしたかな」、「違うと思いますよ」だとか、「お兄さん。ラジオを直して下さいな」、「電気のことは分かりません」といった会話を交わすたびに、向こう側に引っ張り込まれそうな気になる。いずれにせよヒラノ教授は、20代の学生より、ずっと彼らの方に近いのである。

このころのヒラノ教授は、将来に大きな不安を感じていた。現役の間は、妻の介護費用を支払うことは可能だが、大学を辞めたらたちまちピンチである。

ミセスKは、自分が入力する原稿が大金を生むと思っているようだ。しかし、エンジニアが書く本の売り上げなど、多寡が知れている。ヒラノ教授がこれまでに出した本の中で、売り上げが1万部を超えたのは、未来工学ブームと金融工学ブームにあやかった4冊だけである。

もし年に3000枚の原稿が書ければ、単行本10冊分になる。ところが、年に3冊しか書けない〝工学部の語り部〟は、年収200万円のワーキング・プアである。

文系読者は、エンジニアが書いた本には関心を示さない。エンジニアは、専門書と趣味の本以外は読まない。だからエンジニアが書いた本は、なかなか1万部は売れないのである。

売れ行きが悪い一つの原因は、図書館の（過剰）サービスにもある。例えば、ミセスKのお友達である成城の金持ちマダムは、読みたい本が出ると、区立図書館に購入希望を出す。

するると図書館は、リクエストに応えて1冊購入し、それを10人が順番に読むのである。

金持ちマダムは、ランチには3000円出しても、1500円の本は買ってくれないのだ。

北欧諸国では、図書館が1回貸し出すたびに、3円とか5円の報酬を著者に支払ってくれるそうだが、日本の図書館はない袖は振れないという。

古希の祝宴

2010年8月、満70歳の誕生日を迎えて、シーラカンスからビーラカンスに昇格したヒラノ教授は、ミセスKに赤坂の「四川飯店」に招待された。史上最高の猛暑の中でも、とりわけ暑い晩だった。

「『工学部ヒラノ教授』を書き終えたら、その続編を書こうと思っているのですが、そこにあなたを、秘書の〝ミセスK〟として登場させてよろしいでしょうか」

「私のことを書くんですか？」

「世の中には、様々な秘書がいますが、同じ人と23年間もコンビを組んだケースは、珍しいのではないでしょうか。私が知っている範囲では、ダンツィク先生とシュタイン夫人くらいのものです」

「長い間、よく我慢して下さいましたね」

「我慢だなんてとんでもありません。ちょうどいいペースでした。あなたのお陰で、一度だって原稿の締め切りに遅れたことはなかったし、あなたも仕事がない日は1日もなかったのですから、文字通り〝いい加減〟だったんですよ。それでさっきの質問ですが、書いてもよろしいですか」

「どんなことを書くんですか？」

「そうですね。たとえば、何回か危機一髪のところを救っていただいたことだとか」

「危機一髪？」

「いろいろあったじゃないですか。女子学生の泣き落とし単位取得作戦とか、韓国人留学生の賄賂事件とか、買ってはいけないことになっている物品（たとえば切手）を買ったことなどか」

「そういえばありましたねえ。私が見張っていなかったら、あの泣き虫学生に単位をあげちゃったんですか？」

「それはないと思いますが、賄賂はもらったかもしれません。博士課程に入れてくれれば、3000万円の奨学寄付金をくれると言うんですから、あなたがダメを出さなければ、受け入れていたかもしれません」

「あんな人を博士課程に入れていたら、先生に愛想尽かししていたでしょう」

「愛想尽かしと言えば、東工大から中大に移るとき愛想尽かししたのに、よく戻ってくれましたね」

「あのときは、次の人が見つかるまでだと思っていたんです。でもあれからの7年は、本当にあっという間でした」

「あなたがウォッチしていてくださったおかげで、道を踏み外さずに、2度目の定年を迎えられそうです」

「まだ半年以上ありますから、気を付けてくださいね」

11月から書き始めた続編は、12月半ばには半分ほど出来上がったが、ここから先が難所である。どのような本も書き初めは楽だが、最後をどのように締め括るかで、三流のモノ書きは苦労する。しかし、これは三流だけではないようである。

たとえば、一流のモノ書きである小川洋子氏は、「モノ書きたる者は、毎日必ず机の前に坐ること。そしてひとたび書き出したものは、最後まで書くこと」と言っている。これは一流のモノ書きでも、途中で書けなくなることがあることを意味している。

ヒラノ教授は、いつもこの言葉を噛みしめながら書き続けて来た。日によって10枚以上書けることもあれば、2枚だけのこともあった。

月20万円のオフィス

ヒラノ教授の研究室は12階建てのビルの10階にあって、真東を向いた窓の外には、東京ドームとラクーア名物のジェットコースターと観覧車、そしてバブルの置き土産である文京区役所が見えている。

東工大時代の半分ほどしかない手狭なオフィスだが、都心の一等地にあることと、この眺望を賃貸料に換算すれば、月20万は下らないだろう。

パデュー大学に滞在していたとき、窓なしオフィスに住む若手助教授は、窓ありオフィスのヒラノ准教授を羨んでいた。好・不調の波に翻弄される研究者にとって、窓からの日射しと眺望は特別な価値を持っている。

研究が行き詰まった時、論文に対する厳しい審査報告が届いたとき、そして事務局から厄介な書類が廻って来たときには、メロンパンのような東京ドームや、ウィーンのプラター公園を思い出させる大観覧車を眺めて、そのうちいいこともあるさ、と自分に言い聞かせてきたのである。

10年間見馴れた風景に変化が生じたのは、定年まで1年を切った2010年の5月である。文京区役所の左手に、何か柱のような物体が出現したのである。錦糸町に自宅があるヒラノ教授が、これぞ東京新名所として評判になっている「東京スカイツリー」だと気がつくまでに、3秒もかからなかった。

11時過ぎに足音を忍ばせて姿を現したミセスKは、聞きなれた言い訳を口にした。

「急行に乗りそこなった上に、次の電車が遅れて……」

「それはいいから、あそこを見てごらんなさい」

「もしかして、スカイツリーかしら？」

「そのとおり」

「あんなに近いところにあるんですか。確か先生の御自宅のすぐそばですよね。どこまで伸びるのかしら」

「完成時には634mになるということですから、今の3倍くらいではないでしょうか。でも来年3月には、この建物のすぐ隣に新しいビルが建つので、見えなくなってしまうでしょう」

「見えなくなる頃には、2人ともおさらばですね」

中大では教授の定年は70歳だが、事務スタッフの定年は63歳だから、7つ違いのミセスKも来年3月には定年になるのである。

ビル工事のスピードは、思いの外速かった。基礎工事が終わって、ニョキニョキと柱が立ったかと思う間もなく、壁がせり上がって来た。そして9月に入ると、スカイツリーは完全に建物の陰に隠れてしまった。

ミセスKの了承を取り付けたヒラノ教授は、涼しくなったら執筆を開始しようと考えていたが、9月になっても猛暑は収まらなかった。歴史始まって以来の猛暑は10月には終息したものの、夏負けしたヒラノ教授が執筆にとりかかったのは、11月に入ってからだった。以来ヒラノ教授は、週25枚（月100枚）のペースで書き続けた。

ミセスKは時折り、「ちょっと違うわね」とか、「そうだったかしら」という言葉を発しながら、入力と修正を続けて下さった。

3月初めに誤嚥性肺炎を起こしたヒラノ夫人は、気管切開を受けて一命を取り止めたものの、2〜3時間ごとに痰の吸引を行うことが必要になったため、夜間は看護師が不在となる介護施設を退去させられる羽目になった。

東京には、看護師が24時間常駐している介護施設はほとんどない。手を拱いていれば、介護難民として3ヶ月毎に病院を転々とする運命である。八方手を尽くして探し当てたのは、足立区東保木間の介護施設「ようせいメディカル・ヴィラ」である。

妻がこの施設に移転したあと、毎朝4時に起きて、7時前に介護施設を訪れ、10時半までには大学に出勤するのが、ヒラノ教授の日課になった。

クリスマス・ディナー・アット椿山荘

朝4時に起きるためには、9時に寝なくてはならない。ということは、仕事が終わったあとに妻を見舞う時間はないということだ。この結果ヒラノ教授は、3年ぶりに夕方5時から8時までは、自由の身になった。

「どうでしょう。もし予定が空いていれば、そこの椿山荘でクリスマス・ディナーをご一緒しませんか」

「ごちそうして下さるのですか」

「もちろんです」

24日の夕方、教授と秘書は少し早めに仕事を終え富坂を下った。7年前にミセスKとよりを戻した頃は、夕方早い時間に2人で大学を出ることは憚られた。守衛や同僚が、坂を下る教授と秘書に、疑惑の眼を向けないとも限らないからだ。

ところが、70歳を超えたビーラカンスは、堂々と坂を下った（歳をとるのも悪いことばかりではない、というのは本当だ）。

バブルの置き土産である、文京シビックセンターにある椿山荘で用意されていたのは、南側の窓に面した眺めのいいテーブルだった。眼下の東京ドーム周辺には、大勢の人が列を作っている。

「さっき、事務室の喜多さんに聞かれたんですけど、定年後はどうなさるんですか？」

「もう引退です。70過ぎのエンジニアを雇ってくれる大学は、国内にはありません。海外暮らしは今さら面倒だし、家内を置いていくことはできないので、断ってしまいました。このあたりが潮時でしょう」

「それでは、4月からはモノ書き生活ですか」

「モノ書きというからには、ある程度売れてくれませんとね」

「売れたら、秘書に雇って頂けるかしら」

「そうですね。これからもいろいろお願いして、ハワイ旅行の費用くらいはカバーしたいものです。でもいつもボヤいているとおり、エンジニアが書いた本は売れないんですよ」

「でもこの前お書きになった本は、友達の間で評判が良かったですよ」

「読んで頂けるのは嬉しいのですが、生計を立てて行くには、買って貰わないとダメなんですよ。でもお金持ちの成城マダムは、ランチには３０００円払うくせに、１５００円の本は図書館で借りて読むんですよね」

ヒラノ教授は、本を出すたびにミセスKに献呈して、あわよくば10冊の販売増につながることを期待したが、いつも空振りに終わった。

ミセスKだけではない。大学時代の同期生で、中大で同僚になった物理学者の竹山教授は、ヒラノ教授の意図を知りながら、ただで貰った本をエンジニア仲間に貸与している。それもわざわざ自転車に乗って、友人宅まで届けに行くというのだから、全く困った人である。

それにも拘らず、ヒラノ教授が毎度竹山教授に献呈しているのは、エンジニアはもともと専門の本と趣味の本しか買わないのだから、たとえ貸与したとしても、売り上げを妨げているわけではないからである。

「一発当たれば、女房の介護費用が出せるし、あなたが70歳になるまで秘書を続けていただいて、ダンツィク＝シュタイン・コンビを上廻る、教授・秘書最長日本記録を打ち立てたいと思っているのです。30年にわたってコンビを組んだ教授と秘書なんて、日本にはいないんじゃないですかね」

「本が売れたら秘書に雇ってくださるのなら、販売促進に協力させていただきます。東工大で宣伝すれば、4、5人は買ってくれるかもしれないわ」

「ぜひよろしくお願いします。でもあまり期待できないでしょうね。だってエンジニアが普通の本を読むのは、ただでもらった時くらいでしょう。その意味からすると、成城マダムに期待した方がいいのではないでしょうか」

「ダメダメ。あの人たちは、場所ふさぎになる本なんか買いません」

「広々したお屋敷に住んでいるくせに、場所ふさぎとはねえ。でもあなたが登場する本なら、別なんじゃないですか」

「それなら買うかもね。あの人たちは、お前のようなおしゃべりに、よく秘書が務まるなと言って、バカにするんですよ」

「この本が出れば、失礼なことを言う人の鼻を明かすことができますね。しかし、今度出す本が売れてくれないと、次の本は出してもらえないんですよ」

〝本が売れる、売れない〟問題は、〝研究費が取れる、取れない〟問題と同じ構造を持っている。

研究費を取るには、研究実績がなければならない。研究実績を挙げるには、研究費が不可欠である。それと同じく、本が売れるためには、売れたという実績が必要なのである。

ロクな研究実績がなかったにもかかわらず、ヒラノ教授は1984年に巨額の研究費を手に入れた。これが幸運の始まりだったが、今にして考えると、これは宝くじに当たったようなものだ。では2度目の宝くじに当たる確率は、どれくらいだろうか。

12　名誉教授というゾンビ

大増殖した名誉教授

２００１年に東工大を停年退職して間もなく、ヒラノ教授は「名誉教授」なる称号を頂戴した。世間の人は、企業における〝顧問〟のような（実利がある）称号だと思うかもしれない。しかし、実態を知っている現役教授の間では、貰っても特段いいことは何もないと言われていた。

アメリカの有力大学では、名誉教授は（相部屋ながら）研究室が貰えるだけでなく、事務サービスも受けられる。一方東工大の場合は、３５０人の名誉教授のために用意されている居室は、図書館の中の小部屋が１つだけである（中大理工学部には何もない）。

名誉教授の特典と言えば、学生並みに図書館から本を借り出せること、創立記念日・入学式・卒業式で雛段に座って、にこにこしていることくらいである。

ヒラノ教授が東工大に赴任した１９８２年、名誉教授に推挙されるためには、２つの条件を満たす必要があった。

まずは、教授として１年以上在籍することである。国立大学という組織は、特別な理由がない限り、停年１年前になると教授に昇進させるのが慣例になっているから、この条項ではねられる人はほとんどいない。

次は、教授としての在任期間１年につき１点、助教授は１年につき０・５点、専任講師は０・２５点、そして助手は０点として、在職年数を掛け合わせた合計得点が15点を超えていることである。

たとえば28歳で助手、32歳で講師、37歳で助教授、47歳で教授になった人は、

$$4 \times 0 + 5 \times 0.25 + 10 \times 0.5 + 13 \times 1.0 = 19.25 > 15$$

だから合格。一方33歳で助教授になるも、59歳まで教授になれなかった人は、

$$26 \times 0.5 + 1 \times 1.0 = 14.0 < 15$$

だからバツである。

では、中途からから東工大に採用された人はどうか。１９８２年当時、前職が国立大学の場合は、教授１年につき０・５点、助教授は０・２５点、講師は０・１２５点というレート

が適用されていた（現在どうなっているかは、よく知らない）。

24歳で民間研究所の研究員、33歳で筑波大学助教授、41歳で東工大教授になったヒラノ氏の場合は、

9×0＋8×0.25＋19×1.0＝21.0＞15

だから、悠々合格である。

ヒラノ教授が学生だった時代、東大教授や東工大教授は雲の上の人だった。このポストを射止めるのは、1学年50人の学生の中の高々1人にすぎなかったし、どの教授も学界の第一人者だった。名誉教授は、雲上人の中で特に傑出した人に与えられる称号だから、これはもう天上人としか言いようがない――。

昭和30年代の日本人男性の平均寿命は65歳くらいだったから、ご存命中の名誉教授は、1学科につき高々3～4人である。この中の元気な人は、有力大学の学長や民間企業の研究所長などを務めているから、大学に足を運ぶ暇はない。元気でない人は、大学に出てくる気力もしくは体力がない。

東京大学の応用物理学科には、名誉教授室という札がかかっている部屋があった。しかし、滅多に来ない人のために貴重なスペースを空けておくのは勿体ない。というわけでこの部屋は、最も若い助教授の居室になっていた。

90年代の東工大「経営システム工学科」には、5～6人の名誉教授がいた。その中でただ1人、しばしば姿を見せる元有力教授は、多忙な現役教授の間では〝うざったい人〟だと思われていた。

大物学長として尊敬された木村孟教授ですら、名誉教授になってからは、キャンパスに足を踏み入れる際に、守衛さんの目が気になると言っていたくらいである。はっきり言おう。東工大の名誉教授は、〝ゾンビ〟のような存在なのである。

このことを知っているヒラノ名誉教授が、東工大キャンパスに足を踏み入れたのは、この11年間で2回だけである。

1982年当時、東工大名誉教授の総数は150人程度だった。ところがその20年後、ヒラノ教授が停年を迎えた時には、300人を超えていた。20年の間に、ざっと2倍以上になったのである。

その原因の一つは、日本人の平均寿命が延びたこと、もう一つは名誉教授の資格条件が緩和されたことである。

民間企業から有力研究者を招く上で、この資格条件がネックになっていると判断した東工大執行部は、90年代初めに持ち点を15点から12点に引き下げた。このため、15点制の下では条件をクリアできなかった26人の元教授が、90年代初めに名誉教授に推挙された。

その10年後の2011年、名誉教授は更に100人以上増えて、400人に迫る勢いである。こんなに増えたのは、「スプートニク・ショック」以後の、理工系大学大拡充のせいである。

1957年には1学年400人だった東工大の入学定員は、ヒラノ教授が赴任した1982年には1100人を超えていた。学生数が増えれば、それに連動して教授の数も増える。教授が増えれば名誉教授も増えるという仕掛けである。

ところが少子化時代を迎えて、大学産業は縮小過程に入った。大学は学生数の減少を、留学生や社会人受け入れによってカバーしようとしているが、うまくいく保証はない。

日本人の寿命がこれ以上伸びることはないから、今後名誉教授が大幅に増えることはないだろう――。こう思っていたヒラノ教授は、この本を書くにあたって、東京大学のホームページを開いて驚いた。

名誉教授に推薦されるための条件が、〝教授としての在職期間が5年以上〟と記されていたからである。さらに、〝大学にとって特別な功績があった人は、5年以下でも可〟だと言う！

その上、500万円のカラ出張や科研費の不正使用で停職処分を受け、東大の名誉を著しく毀損した元副学長のN氏までもが名誉教授になっている！

一方の東工大はどうかと言えば、〝何でもありの東大〟と違って、今も特別なケースを除いて、〝頑なに〟12点ルールを守っている。また大学の名誉を傷つけた名誉教授には、称号の返上を求めている。

東大と並んで、なりふり構わぬ資金集めで怨嗟の的になっている東工大だが、こと名誉教授に関しては、大学としての節度をわきまえているのは立派である。

もの書き名誉教授

2001年に名誉教授になってから10年間、ヒラノ教授はこの称号を名乗ったことは一度もなかった。中央大学の現役教授が、東工大名誉教授を名乗るのは不見識だからである。

ところが、2011年3月に中央大学を退職して、常勤の仕事がなくなった老人が使える肩書は、東京工業大学名誉教授だけになってしまった（なお東京工業大学同様、名誉教授を安売りしない中央大学は、10年間精勤しても名誉教授にしてくれなかった）。

加藤秀俊氏や山折哲雄氏のように高名な学者は、京都大学名誉教授ではなく、「社会学者」や「宗教学者」を名乗って、あちこちに文章を書いている。

しかし、研究者を卒業した元工学部教授が、「金融工学者」だとか「オペレーションズ・リサーチ学者」と名乗っても、さまにならない。かくしてヒラノ教授は、「東京工業大学名誉教授」という称号を頼りに、〝工学部の語り部〟役を務めているという次第である。

もの書きとして活躍した東工大・エンジニア名誉教授としては、桶谷重雄（金属結晶学）、森政弘（制御工学）両教授の名前が頭に浮かぶ。

１９１０年生まれの桶谷教授は、夏目漱石文学賞を受賞した『フライブルグの夜』や数々のエッセーで有名になった。教授になると雑用まみれになるという理由で、長い間意図的に助教授ポストに留まった〝変わりだね〟である。

また、１９２８年生まれの森政弘教授は、東工大名物「ロボット・コンテスト」の創始者として有名だが、この人は一般向けの『非まじめの奨め』や『親子のための仏教入門』などの本を書いている。

しかし、〝もの書き〟と呼べるエンジニアは、この２人以外にはほとんどいない。もの書きエンジニア教授が少ないのは、彼らの多くは文章書きが苦手な上に、昼も夜も研究・教育・雑用に追いまくられているためである。

特に１９８０年代以降は、アメリカ式論文至上主義が日本を席巻したため、専門以外のことに割く時間がなくなってしまったのである。

理工系教授の中で、数学者だけは例外である。古くは岡潔・奈良女子大教授、矢野健太郎・東工大教授、遠山啓・東工大教授、森毅・京都大学教授、最近では藤原正彦・お茶の水女子大教授が有名だが、数学者は（良く言えば）アメリカ式論文生産至上主義に毒されていない人たち、（悪く言えば）早々と研究から手を引いても、生きていける人たちだからである。

それではヒラノ教授は、〝理工系もの書き名誉教授〟になれるだろうか。スタートラインにつくのが遅すぎたが、１９１０年代生まれの人に比べれば、平均寿命が20年近く伸びているので、努力次第で何とかなるかもしれない。

あとがき

2011年の2月末日、ヒラノ教授は3年半を過ごした介護施設から自宅に戻った。翌朝はいつも通り5時半に家を出て、電車とバスを乗り継いで、足立区東保木間の介護施設に妻を見舞った。

言葉は話せず、瞼しか動かせなくなったが、耳は聞こえているようなので、あれこれ昔話を繰り返したり、『工学部ヒラノ教授』に関する〝好意的〟な書評を読み聞かせたりして、3時間を過ごしたあと大学に出勤した。

時に、妻が難病にさえならなければ、と思ったこともある。しかしヒラノ教授は、自分ほど幸せな大学生活を送った人は少ないだろうと考えている。

筑波大学で過ごした1974年から1982年までの〝8 Miserable Years〟を凌いだあと、1988年から2001年まで、〝13 Golden Years〟が待っていた。

Golden Yearsが始まった1988年は、ヒラノ教授が〝48歳の抵抗〟を開始した年、奥脇教授からミセスKを譲り受けた年である。48歳の抵抗が実を結んだのは、忍耐強い妻と、明るく頭がよく頼りになるミセスK、そして東工大の優秀な学生諸君と事務スタッフのおかげである。

黄金の年月は、妻の難病とともに去った。しかしそのあとも、岩村夫人とミセスKと中大の優秀な学生のおかげで、〝7 Silver Years〟を過ごすことができた。金色とは言えないが、銀色に輝く研究生活という意味が半分、そして還暦を過ぎたシルバーライフという意味が半分である。

２０１１年3月11日の午後、ヒラノ教授は家に持ち帰る本の選定作業をやっていた。そこに襲ってきたのがあの大地震である。これまで経験したことがない激しい揺れに、あわてて階段を駆け下りて外に逃れた。すると春休み中だというのに、そこには１００人を超える教員と学生が集まっていた（工学部の学生は、まことに勤勉な生き物なのです）。

柏崎刈羽原発の近所に親戚が住んでいるミセスKは、かねて原発に対する不安を漏らしていたが、ヒラノ教授は、「日本の技術者は優秀だから大丈夫です」と言い続けてきた。

若いころ、優秀な原子力技術者たちと付き合う機会があったヒラノ青年は、あれだけ優秀な人たちが安全だと言っているからには、安全に違いないと思っていた。ところが、事故は起こってしまったのである。

もっとお金をかけて津波を防ぐ対策を講じておけば、大事故を防げただろう。

「200年に1回しか起こらない大洪水のために、スーパー堤防を作るのはいかがなものか」。これは事業仕分けの際に、江戸川の堤防工事をやり玉に挙げた〃一般市民の代表〃である蓮舫議員の発言である。

もう100億円で事故は防げたかもしれない。しかし蓮舫議員に代表される〃一般の人々〃は、これを容認しなかっただろう。彼らは、大震災が起こるまでは、200年に一度の事故に対する出費を認めてくれなかったのだ。

今や世論は一転して、千年に一度の事故に対する、100%の安全性を要求するようになった。しかし、これには途方もないコストがかかる。ヒラノ元教授は自問する。〃エンジニアは、千年に一度の大災害にどう取り組めばいいのか〃と。

読者の中には、この本が前の2冊と違う出版社から刊行されることに、疑問を持つ方がおられるかもしれない。そのような好奇心旺盛な読者には、ヒラノ老人の古くからの友人が、〃エンジニアのたて書き本〃に関心をもつ、技術評論社の編集者と知り合いだったからだ、とお答えしよう。

なおこの件については、〃ヒラノ教授〃の名付け親である新潮社の足立真穂氏のご了解を頂いたことはもちろんである。

最後になったが、この原稿を詳しく読んで、建設的なアドバイスと熱いエールを送って下さった、技術評論社の安藤聡氏と、判読困難な手書き原稿の入力と、際限ない句読点の出し入れにご協力いただいた〝ミセスK〟こと国広美智子さんに、心からお礼申し上げる次第である。

今野浩

2012年8月

本書は、新潮社から発売された『工学部ヒラノ教授』『工学部ヒラノ教授の事件ファイル』に続く、工学部実録シリーズの第3弾です。各巻は独立した読み物になっており、どの巻からもお楽しみいただけるようになっています。

■著者紹介
今野 浩（こんの・ひろし）
1940年生まれ。東京大学工学部応用物理学科卒業、スタンフォード大学大学院オペレーションズ・リサーチ学科修了。Ph.D.、工学博士。筑波大学助教授、東京工業大学教授、中央大学教授等を経て、現在東京工業大学名誉教授。著書に『役に立つ一次式』（日本評論社）、『すべて僕に任せてください 東工大モーレツ天才助教授の悲劇』（新潮社）、『スプートニクの落とし子たち』（毎日新聞社）、『工学部ヒラノ教授』『工学部ヒラノ教授の事件ファイル』（共に新潮社）など。

工学部《こうがくぶ》ヒラノ教授《きょうじゅ》と4人《にん》の秘書《ひしょ》たち

2012年11月25日　初版　第1刷発行

著　者　今野 浩
発行者　片岡 巌
発行所　株式会社技術評論社
東京都新宿区市谷左内町21-13
電話　03-3513-6150 販売促進部
03-3267-2272 書籍編集部
印刷・製本　日経印刷株式会社

ISBN978-4-7741-5340-7 C0095
Printed in Japan

技術評論社の科学読み物

すうがくと友だちになる物語1

大悪魔との算数決戦

小島寛之 著、大高郁子 絵

シモツキ、キサラギ、ヤヨイの小学生トリオは、パラドクス探偵団を結成し、ふしぎな現象の調査に乗りだすが、そこには日本中をパラドクスによって支配しようとする大悪魔の存在が……。小学生トリオが織り成す冒険ストーリーから、算数・数学の根本的なおもしろさがわかります。

すうがくと友だちになる物語2

ナゾ解き算数事件ノート

小島寛之 著、大高郁子 絵

『大悪魔との算数決戦』の続編。小学生のパラドクス探偵団3人組は町中で起こっているナゾの現象や事件を解決していきます。品物の数が増えてしまう事件、カツオブシが盗まれているのは事実なのに犯人ネコの姿がまったく見えない事件など、町はナゾだらけ。果たしてそのナゾの正体は?

知りたい!サイエンス

なぜ!こんなに数学はおもしろいのか――数学カフェへようこそ

織田孝幸 編著

数学に苦手意識をもつ一方、魅力を感じる人が多いのも事実。難解な数学のどこにそんな魅力があるのか。そんな疑問に対し、数学のおもしろさを日々肌で感じている数学者が、その魅力について大いに語ります。サイエンス・カフェにおける、数学者と一般参加者の対話の記録。

研究者マンガ「ハカセといふ生物《いきもの》」

実験太朗、立花美月

博士号をもっているのに、どこかさえない主人公・北大路君。大学院を卒業し、研究所に勤務中。そんなハカセの日常をほのぼのタッチで4コマ漫画化。これから大学院に進む大学生、研究者の皆さん必読。これを読めば、きっと日本の基礎研究分野の躍進につながるはず?!